A. BADOUREAU

Ingénieur en chef des Mines, en retraite

CAUSERIES
PHILOSOPHIQUES

PARIS

GAUTHIER-VILLARS ET Cⁱᵉ, ÉDITEURS

LIBRAIRES DU BUREAU DES LONGITUDES, DE L'ÉCOLE POLYTECHNIQUE

55, Quai des Grands-Augustins, 55

1920

CAUSERIES PHILOSOPHIQUES

PARIS. — IMPRIMERIE GAUTHIER-VILLARS ET Cⁱᵉ,

60202-19   Quai des Grands-Augustins, 55.

A. BADOUREAU

Ingénieur en chef des Mines, en retraite

CAUSERIES PHILOSOPHIQUES

PARIS

GAUTHIER-VILLARS ET Cie, ÉDITEURS

LIBRAIRES DU BUREAU DES LONGITUDES, DE L'ÉCOLE POLYTECHNIQUE

55, Quai des Grands-Augustins, 55

1920

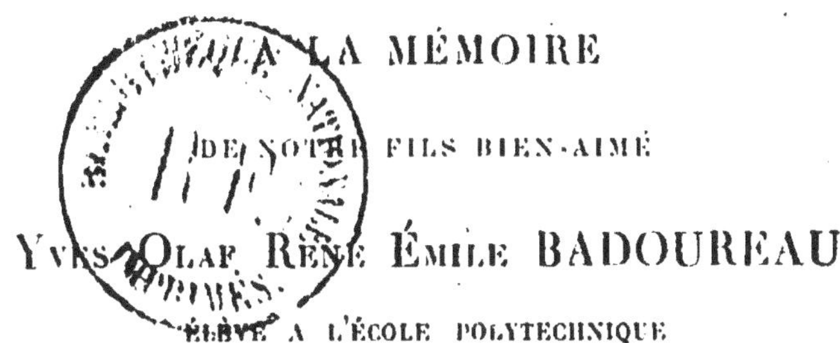

À LA MÉMOIRE

DE NOTRE FILS BIEN-AIMÉ

YVES-OLAF RENÉ ÉMILE BADOUREAU

ÉLÈVE A L'ÉCOLE POLYTECHNIQUE

SOUS-LIEUTENANT D'ARTILLERIE

BLESSÉ LE 26 SEPTEMBRE 1914 A LONGUEVAL (SOMME)

DÉCÉDÉ LE 22 OCTOBRE 1914 A L'HOPITAL D'AMIENS

CITÉ LE 10 JUIN 1915 A L'ORDRE DE LA 82ᵉ DIVISION TERRITORIALE

« *S'est courageusement exposé pour porter des ordres aux batteries engagées à courte distance de l'ennemi, le 26 septembre 1914. Très grièvement blessé. Mort des suites de ses blessures.* »

Signé : Général VIGY.

Si sa belle âme survit, comme nous le souhaitons, et si elle connaît cet hommage, elle y verra un témoignage du pieux souvenir conservé d'elle par ses parents.

PRÉFACE.

Nous nous excusons d'abord de ce titre un peu trop prétentieux : ces causeries ne sont que de modestes bavardages, et, comme philosophe, nous ne sommes qu'un vieil apprenti.

La philosophie résume et couronne toutes les connaissances humaines.

Avant d'essayer d'en faire, nous devons nous présenter au lecteur.

Au cours de notre longue carrière, nous avons publié notamment :

quatre Notes dans les *Comptes rendus de l'Académie des Sciences :*

en 1878 sur les *figures isoscèles,*

en 1884 sur les *nuages légers supérieurs de l'atmosphère,*

en 1890 sur la *sédimentation,*

en 1893 sur les *preuves* et les *causes du soulèvement scandinave;*

un article dans la *Revue scientifique* en 1890 sur *l'espace géométrique et les espaces algébriques* (1);

un discours à l'*Académie d'Amiens* la même année sous ce titre Ι'νῶθι σεαυτόν (1),

et un article dans la *Revue scientifique* en 1891 sur *l'électricité et la matière* (1), dans lequel nous nous exprimions en ces termes :

---

(1) Ces trois précédents travaux ont inspiré les Chapitres I, III, IV et XIII du présent Ouvrage.

« εν το παν, un le tout, la matière universelle si âprement recherchée par les alchimistes a nom L'ÉLECTRICITÉ.

» L'univers est plein d'électricité, tout atome de matière est un tourbillon électrique, le son et la chaleur, qui, comme chacun le sait, sont des mouvements spéciaux de la matière, se réduisent à des déplacements d'électricité, toute réaction chimique exothermique provoque un courant électrique susceptible à son tour de réaliser une réaction endothermique, la lumière est une vibration électrique qui se propage perpendiculairement à son plan, et le magnétisme résulte de rotations électriques. »

En 1889, en 1892, en 1898, nous avons publié trois éditions d'un volume sur les *sciences expérimentales*.

En tenant compte des progrès réalisés depuis un demi-siècle par la Mécanique, la Physique, la Chimie, la Biologie, l'Astronomie et la Géologie, nous avons essayé de refaire la magistrale synthèse publiée de 1830 à 1842 par AUGUSTE COMTE ([1]).

En 1889, en 1892 et même en 1898, nous étions jeune et un peu trop enclin à considérer nos hypothèses comme des certitudes.

En 1900, nous avons eu le plaisir de voir confirmer quelques-unes d'entre elles par le Congrès de Physique.

Dans cet Ouvrage, nous avons cru devoir user de formules mathématiques, mais aujourd'hui nous nous en abstiendrons, sauf dans deux ou trois Notes. Ce travail sera moins précis, mais plus facile à lire.

La conclusion des *sciences expérimentales* est la phrase suivante :

L'éther, les forces et les âmes sont trois groupes d'entités, dont l'ensemble constitue l'univers.

Nous restons convaincu de l'exactitude de cette asser-

([1]) *Cours de Philosophie positive.*

tion et nous allons essayer de la faire admettre par le lecteur, ainsi que les conclusions complémentaires suivantes :

L'espace a trois dimensions, le temps en a une, les atomes de matière sont des vortices d'éther, les forces à distance existent objectivement et toute cellule est dirigée par une âme.

En 1905, nous avons publié deux articles dans la *Revue scientifique* sous ce titre : « *Qu'est-ce que la Mécanique ?* » [1].

En 1911, nous avons publié un opuscule sur *l'atmosphère terrestre et la circulation aérienne*, où nous avons exposé l'historique de la conquête de l'air, une théorie dynamique de l'air, d'après DÉMOCRITE, NEWTON, BERNOULLI, BOScovich, KANT, HIRN, etc.. et la technologie du ballon, de l'aéronef, du cerf-volant et de l'aéroplane.

Nous avons lu récemment la seconde édition, parue en 1905, d'un essai sur *l'hyperespace, le temps, la matière et l'énergie*, et la première édition, parue en 1917, d'une *Introduction à la géométrie à quatre dimensions d'après les seuls principes de la géométrie élémentaire*. Ces deux Ouvrages ont eu pour auteur le capitaine MAURICE BOUCHER, notre camarade de promotion à l'École Polytechnique.

Le 7 avril 1919, MAURICE BARRÈS a prononcé cette parole profonde : « *Le but du monde est de produire de la raison* ». Telle a été notre ligne de conduite.

Depuis longtemps, nous avons porté notre attention sur sept questions qui dominent les sciences expérimentales : *l'espace, le temps, l'éther interstellaire, la matière, la force, l'âme...* et même *la Divinité*.

Nous n'avons sur tout cela que des impressions subjectives et la grosse difficulté est de les traduire en objectivité.

Les sept premiers Chapitres du présent Volume résument

---

[1] Ce précédent travail a inspiré le Chapitre V du présent Ouvrage.

nos réflexions sur ces hautes questions de philosophie. Nous n'avons pas l'outrecuidance de prétendre détenir la vérité sur aucun de ces points, mais nous nous permettons d'émettre sous toutes réserves ce que nous pensons de ces questions délice'… 'ai ôt nous avançons des faits; souvent nous formu… es hypothèses qui ont pour but (ne l'oublions jamais), non pas de faire connaître la véritable nature des choses, mais de relier entre eux des faits observés et de guider les recherches; parfois, nous avouons nos doutes.

Il en est ainsi notamment pour :

l'existence de Dieu (Chap. VII),
l'immortalité de l'âme (Chap. VI),
le spiritisme (Chap. XIX)
et l'apparition de la vie sur la terre (Chap. XII).

Nous essayons de poser de notre mieux ces angoissantes questions, mais nous ne leur répondons que par « Peut-être » ?

Évidemment « *Chi lo sa ?* » n'est pas une solution, mais nous laissons à chacun de nos lecteurs le soin de choisir celle qu'il préfère. Quand la raison se tait, l'homme décide sans son secours.

Nous estimons d'ailleurs que toute idée émise par les hommes est digne d'être discutée, même si elle est contraire au sens commun, c'est-à-dire à l'opinion d'une majorité de faibles d'esprit, et nous respectons toutes les convictions sincères et désintéressées. Si invraisemblables qu'elles nous paraissent parfois, nous exposerons aussi scrupuleusement que possible des hypothèses émises par divers auteurs.

A priori, nous n'éliminerons presque aucun dire.

Nous vénérons Leibniz, Kant, Gœthe (¹), von Helm-

(¹) Le 9 décembre 1918, à Strasbourg, redevenue ville française, dans son discours au maire, le Président de la République française Raymond Poincaré a appelé Gœthe « *le plus humain des Allemands* ».

holtz, Clausius, Buchner, de Cyon et quelques autres
Allemands. Nous ne les regardons pas comme responsables
des crimes immondes commis récemment par leurs com-
patriotes et approuvés... (*ô honte !*) par 93 intellectuels et
par des femmes.

Ce qui caractérise la métaphysique, ce « roman de l'esprit », c'est :

1° la possibilité pour chacun d'émettre sur chaque question des opinions très variées,

2° la foi qu'il a dans celle qu'il a choisie,

et 3° l'énergie qu'il dépense pour la défendre *unguibus et
rostro* contre les autres opinions.

Par suite, la Métaphysique est aussi décevante qu'elle est
entraînante.

Socrate a donné aux philosophes ce très sage conseil
l'γνῶθι σεαυτόν ! (Connais-toi toi-même).

Ils se sont partagés en deux camps suivant qu'ils ont
nié ou admis l'existence, c'est-à-dire la spiritualité de l'âme
humaine.

Le matérialisme a été imaginé par Démocrite (né 470 ans
avant J.-C.), complété par Épicure (né 341 ans avant J.-C.)
et chanté par Lucrèce (né 95 ans avant J.-C.) dans son
superbe poème *de rerum natura.*

Les matérialistes admettent exclusivement l'existence
de la matière que leur font connaître leurs sens; ils pro-
clament le vieux principe :

Nihil est in intellectu quod non prius fuerit in sensu.
Tout entre dans l'esprit par la porte des sens (Delille).

Les spiritualistes croient à l'existence de forces qui
agissent sur la matière, d'âmes qui interviennent dans
l'application des forces et d'une Divinité qui préside à tout
cet ensemble.

On appelle *logistique* ou *logique algorithmique* un ensemble de raisonnements sur des symboles créés par l'homme et substitués par lui aux idées qu'il devait au témoignage de ses sens. Les logisticiens ont la prétention de créer de toutes pièces une science non expérimentale. Comme les sens, la logistique est faillible. Comme leur témoignage, le sien est sujet à caution. L'erreur des logisticiens qui font abstraction du témoignage des sens nous paraît symétrique de celle des matérialistes, qui lui accordent une confiance absolue et exclusive. Nous ne regardons comme probable qu'une assertion souvent vérifiée et jamais contredite.

Dans la nombreuse assemblée des philosophes, nous saluons indistinctement :

à l'extrême gauche, les matérialistes de l'école de BUCHNER ;
à gauche, les positivistes de l'école d'AUGUSTE COMTE ;
à droite, les spiritualistes ;
à l'extrême droite, les spirites, les israélites, les chrétiens, les musulmans, etc.

Après avoir recherché la vérité, *sans jamais atteindre la certitude*, chacun d'eux a émis des hypothèses dictées tantôt par son génie personnel, tantôt par son imagination, « la petite folle de son logis ». Qu'importe ? Nous les résumerons tour à tour et nous formulerons aussi « notre petit système du monde ». Peut-être, ce faisant, commettrons-nous le péché d'orgueil ? peut-être accomplirons-nous un acte puéril ? peut-être mériterons-nous du lecteur un verdict plus indulgent ?

En prenant place au centre droit, dans l'assemblée des philosophes, nous nous exposons à déplaire autant aux spiritualistes qu'aux matérialistes et à subir le sort des « crapauds du marais » honnis par les montagnards de gauche et de droite.

Nous sommes convaincu de la spiritualité de l'âme, mais aussi de sa complexité, et nous nions formellement qu'elle soit le privilège exclusif de l'espèce humaine.

Nous désirons ardemment l'immortalité de l'âme, mais nous ne savons pas ce que deviennent, après notre mort, les âmes de nos cellules, si elles survivent associées ou dissociées.

Nous estimons que la science est également incapable de démontrer l'existence ou la non-existence de Dieu.

Parmi les spiritualistes qui siègent à notre droite, les israélites, les chrétiens (catholiques, orthodoxes et protestants), les musulmans, etc., ont admis les principes de religions révélées.

Nous nous ferions un scrupule d'ébranler, si peu que ce fût, la foi des personnes qui ont le bonheur d'en jouir.

Relativement à l'univers et à l'humanité, les religions ont donné, sous le couvert de la révélation, des réponses diverses, en défendant à leurs fidèles d'y changer un iota.

De leur côté, les savants ont essayé de déchiffrer l'univers et l'humanité, et de suivre le conseil de VIRGILE :

Felix qui potuit rerum cognoscere causas.

L'Astronomie, la Géologie, la Physique et la Chimie ont examiné l'univers, la Physiologie et la Psychologie ont porté leurs regards sur l'humanité. Nous consacrons à ces questions les Chapitres VIII et XIII.

Toutes les sciences ont apporté dans leurs réponses une précision croissante.

Comme dit GŒTHE, « *la perfection est la loi du Ciel, y aspirer est la loi de la Terre* ».

En nous efforçant d'approcher de la vérité, nous n'avons pas l'outrecuidance de prétendre la détenir, nous ne déclarons la guerre à personne et nous prenons la vérité partout où nous croyons la trouver, aussi bien chez BOSSUET que chez BUCHNER.

A l'égard de toutes les philosophies, nous professons un universel optimisme. Tout le monde n'a pas raison, mais pouvons-nous déterminer qui a tort ? Les opinions que nous condamnons sont peut-être vraies.

Nous entendons d'avance les imprécations des philosophes de l'extrême droite et de l'extrême gauche, en nous voyant citer leurs adversaires : « Malheureux ! êtes-vous fou de prendre au sérieux de telles insanités ? »

Dans le présent travail, nous invoquerons la raison toutes les fois qu'elle pourra décider, mais nous reconnaissons qu'il y a beaucoup de questions qu'elle est impuissante à trancher.

Nous ne ferons profession ni de foi, ni d'athéisme.

Ce Livre ne sera d'ailleurs rien de plus qu'un bavardage sans prétention sur des sujets ardus de métaphysique, de science, de religion et de politique.

Nous énoncerons les résultats acquis par la science et nos opinions sur l'*espace*, sur le *temps*, sur la *matière*, sur la *force*, sur les *êtres vivants*, sur les *hommes* et sur leur *éducation;* puis nous soumettrons aux savants et aux philosophes de l'avenir de nombreux problèmes et les principales sources de nos idées. Le lecteur trouvera donc successivement des *solutions* que nous lui proposons, des *questions* à résoudre et des *documents* à consulter. Nous espérons que ces causeries lui suggéreront des réflexions utiles et que de l'association de nos efforts avec les siens naîtra un peu de lumière.

Nous parcourrons tout le champ des connaissances humaines et nous effleurerons celui des conjectures. Nous parlerons, comme faisait Pic DE LA MIRANDOLE au XVe siècle, *de omni re scibili et quibusdam aliis*, mais nous confesserons souvent notre ignorance et nous nous excusons d'avance de toutes les erreurs que nous commettrons.

La bibliographie sommaire (Chap. XXII) et l'index chronologique (Chap. XXIII), qui terminent cet Ouvrage, résument l'histoire de la pensée humaine depuis cinq siècles.

Nous remercions les professeurs JEAN BECQUEREL, ALPHONSE BERGET et RÉMY PERRIER, à qui nous avons fait de larges emprunts, qui formulent notre pensée mieux que nous n'aurions su le faire nous-même et qui donnent à notre Livre l'appui de leur haute autorité.

Nous sommes reconnaissant à la mémoire de notre camarade G. Lechalas, inspecteur général honoraire des Ponts et Chaussées, d'avoir bien voulu lire l'ébauche de ce travail et nous fournir à son sujet d'utiles observations.

Le 12 juin 1912, nous lui avons résumé comme suit nos opinions sur l'espace, le temps et la matière.

Nous admettons comme base de la Géométrie les idées expérimentales dont les logisticiens prétendent faire abstraction.

Nous croyons à l'objectivité de l'espace, du temps et du mouvement, bien que nous ne les connaissions que subjectivement et que nous manquions de repères fixes et d'étalons permanents.

Nous ne voyons rien de commun entre l'univers où nous vivons et les géométries de Riemann et de Lobatschewski, et nous attribuons, avec Barbarin, l'épithète de « factice » à la géométrie à quatre dimensions.

Pour nous, la matière est discontinue, l'espace est continu, mais nous ne le connaissons que dans une sphère minuscule de 10^{20} mètres de rayon; le temps est continu, mais nous ne le connaissons que depuis environ 3000 mégannées et nous ne prévoyons pas l'avenir.

Nos respectueux remerciements à Mme Lucien Lévy, veuve de notre excellent camarade de promotion à l'École Polytechnique et mère d'un enfant tué par la guerre, comme le nôtre; elle nous a donné de très utiles conseils sur les documents à consulter.

Pour un motif analogue, nous remercions Mme Parent, femme d'un jeune ingénieur en chef des Ponts et Chaussées, fille de l'inspecteur général des Ponts et Chaussées Tourtay et sœur d'un aviateur mort en service commandé.

En partie, grâce à ces deux dames, nous avons lu beaucoup d'Ouvrages énumérés au Chapitre XXII, et nous en avons résumé une cinquantaine.

Cela nuit peut-être à l'homogénéité de ce Volume, mais cela augmente sûrement sa valeur.

Notre désir eût été de lire tout ce qui a paru sur ces graves questions, mais la littérature est tellement touffue qu'il aurait fallu plusieurs vies d'homme.

Comme excuse de l'imperfection de ce Livre, nous répétons avec HIPPOCRATE : « Ὁ βίος βραχὺς ἡ δὲ τέχνη μακρή » (la vie est courte, la science est grande).

L'humanité vient de traverser un cataclysme terrible.

GŒTHE a dit des Prussiens « *qu'ils étaient naturellement cruels et que la civilisation les rendrait féroces* ». Cette prédiction s'est malheureusement réalisée.

L'Allemagne nous a fait une guerre suivant des règles absolument inédites ([1]) et elle a, comme l'a dit Louis BARTHOU, « *réalisé ce paradoxe de se dépasser dans le déshonneur* ». Nous avons souffert de son ambition, de sa barbarie scientifique et de sa cruauté organisée.

La guerre a comporté des avions, des tanks et des gaz.

Les Allemands ont employé de nombreux gaz irrespirables. Parmi ceux que nous avons utilisés à notre tour, on peut citer les suivants ([2]) :

$$\underset{\displaystyle \overset{\textstyle |}{H}}{\overset{\displaystyle \overset{\textstyle |}{H}}{Cl}} - \underset{\overset{|}{H}}{\overset{\overset{|}{H}}{C}} - \underset{\overset{|}{H}}{\overset{\overset{|}{H}}{C}} - S - \underset{\overset{|}{H}}{\overset{\overset{|}{H}}{C}} - \underset{\overset{|}{H}}{\overset{\overset{|}{H}}{C}} - Cl$$

Ypérite = sulfure d'éthyle dichloré.

([1]) Voyez *Chiffons de papier* (*Proclamations affichées en Belgique et en France*) avec préface de JAN MALCOLM.

([2]) Les premiers noms sont conventionnels et leur sens a été d'abord tenu secret. Les seconds noms sont classiques. Nous nous permettons de soumettre aux chimistes, qui voudront bien nous lire, le plan probable des molécules de ces corps. Voir à ce sujet la Note de GARÇON dans le *Bulletin de la Société d'encouragement pour l'industrie nationale* (mai-juin 1918).

CAUSERIES PHILOSOPHIQUES

CHAPITRE I.
L'ESPACE.

L'espace est une donnée expérimentale.

Nous apprécions la distance des objets, d'abord par l'effort qu'il nous faut faire pour parvenir à leur contact ou pour accommoder notre œil à les percevoir distinctement, ensuite par l'interprétation des impressions diverses reçues simultanément par nos deux yeux.

UEBERWEG a montré dès 1850 que l'espace est homogène, continu et infini.

Après une étude physiologique du labyrinthe de l'oreille, E. DE CYON a publié en 1901 *Les bases physiologiques de la Géométrie euclidienne.* « *Nous reconnaissons* », dit-il, « *grâce aux sensations de direction du son, les trois directions de l'espace et les trois étendues des corps solides : la profondeur, la hauteur et la largeur.* » Ces assertions ont été combattues par HENRI POINCARÉ. Après un échange d'observations, ils ont couché chacun sur ses positions. Peut-être hypnotisé devant ses observations physiologiques, DE CYON s'est-il un peu exagéré leur portée philosophique ? Peut-être la perception des trois dimensions de l'espace n'a-t-elle pas l'origine unique que lui attribue DE CYON ? Peut-être a-t-il fait une confusion entre leur perception par les sens et leur conception par la raison ?

BADOUREAU.

Une surface découpe l'espace en parties, une ligne découpe une surface en parties, un ensemble de points en nombre fini découpe une ligne en parties.

Il faut trois coordonnées pour déterminer la position d'un point dans l'espace à trois dimensions, deux pour la déterminer dans une surface, espace à deux dimensions, et une pour la déterminer dans une ligne, espace à une dimension.

Une ligne, une surface et l'espace sont des *continus physiques*. Notre illustre camarade HENRI POINCARÉ, qui fut une des gloires les plus pures de l'École Polytechnique et du Corps des Mines, qui engagea, comme nous venons de le rappeler, une polémique avec DE CYON et qui nous précéda dans les voies de la philosophie, a donné des continus physiques la magistrale définition suivante [1] :

« *Si l'on peut subdiviser un continu physique C par une coupure se réduisant à un nombre fini d'éléments tous discernables les uns des autres (et ne formant par conséquent ni un continu, ni plusieurs continus), nous dirons que C est un continu à une dimension.*

» *Si, au contraire, C ne peut être subdivisé que par des coupures qui soient elles-mêmes des continus, nous dirons que C a plusieurs dimensions. S'il suffit de coupures qui soient des continus à une dimension, nous dirons que C a deux dimensions; s'il suffit de coupures à deux dimensions, nous dirons que C a trois dimensions et ainsi de suite.* »

Cette définition s'applique à des espaces à 4, à 5, ..., à n dimensions.

Que l'on considère un point comme « *ce qui ne peut être divisé* » (EUCLIDE), comme « *une des extrémités d'une ligne* » (LEGENDRE), ou comme « *le lieu d'intersection de deux lignes* » (BLANCHET), il est certain qu'un point n'a pas de dimension.

---

[1] *La Science et l'Hypothèse.*

Si on le regarde comme une ligne infiniment raccourcie, il a une dimension infiniment petite.

De même que, sur une ligne, un point a une dimension infiniment petite,

que, sur une surface, une ligne a une deuxième dimension infiniment petite,

et que, dans l'espace usuel, une surface a une troisième dimension infiniment petite,

on peut admettre que, dans l'hyperespace à quatre dimensions, notre espace usuel a une quatrième dimension infiniment petite.

La géométrie rectiligne se fait sur une droite $x' O x$ dont les extrémités se rejoignent à l'infini.

Pour passer à la géométrie plane, on trace un axe $y' O y$ perpendiculaire à l'axe $x' O x$. La ligne de l'infini est droite.

Pour passer à la géométrie dans l'espace, on trace un axe $z' O z$ perpendiculaire à toute droite dans le plan des xy. Les points de l'infini sont sur un plan.

Maintenant, un peu de courage, ami lecteur, s'il vous plaît. Nous allons sortir de l'espace.

Pour passer à l'hypergéométrie à quatre dimensions, on imagine un axe $u' O u$ perpendiculaire à toute droite dans l'espace des xyz. Les points de l'infini sont sur un espace identique à notre espace usuel, mais transporté à l'extrémité de l'axe extraspacial $u' O u$.

Et ainsi de suite.

Les idées que nous énonçons sur l'infini paraîtront absolument évidentes à quiconque a fait tant soit peu de géométrie analytique. L'infini échappe à nos sens; il est invisible et incompréhensible (*stricto sensu*), mais il est facilement intelligible pour la raison du géomètre.

Boucher ne résume pas moins de 28 arguments en faveur de l'existence objective de la quatrième dimension. Quel nombre impressionnant ! Peut-être sont-ce autant de sophismes ?

Nous avons eu le plaisir d'en causer avec Boucher, de constater la fermeté de sa conviction, jointe à une grande pondération, et de lui formuler l'objection que nous énoncerons en note aux pages 38-39.

Peut-être est-il dans le vrai, les dimensions de l'espace imaginées par les algébristes au delà de la troisième existent-elles objectivement et notre incompréhension de ces dimensions supplémentaires provient-elle uniquement de notre infinie platitude dans ces directions ?

Nous sommes plutôt de l'avis d'A. Cros, qui a dit dès 1891 ([1]) :

« L'espace a trois dimensions. Il nous est impossible de lui en supposer moins ni davantage. Des géomètres, en certaines études, semblent contredire cet axiome. Mais, en leur langage, le mot dimension n'a plus le même sens et ne s'applique pas plus à l'espace réel qu'à l'espace idéal, mais à des considérations abstraites plus générales et d'un ordre tout différent. »

Nous considérons, avec lui, l'espace à quatre dimensions de Jouffret et l'espace à *n* dimensions de Sophus Lie, de Victor Schlegel, de Camille Jordan, notre vénéré maître, d'Henri Poincaré, et de divers autres savants, comme un artifice de raisonnement qui leur a permis d'étudier avec facilité et élégance l'espace à trois dimensions des physiciens et des astronomes.

Les divers ordres d'hyperespace demandent, pour être compris, un notable effort de la raison.

Nous allons donner trois exemples très simples qui montrent le mode d'introduction de la quatrième dimension dans le raisonnement, mais qui ne prouvent pas son existence objective

1º De même que par projection conique dans l'espace à

([1]) *La métaphysique de* Taine.

trois dimensions, certaines propriétés du cercle s'étendent aux courbes du second degré,

on étend par projection conique dans l'espace à quatre dimensions certaines propriétés de la sphère aux surfaces du second degré.

2° De même que dans la géométrie à une dimension, la seconde dimension permet de sortir d'une ligne finie sans passer par ses extrémités,

que dans la géométrie à deux dimensions, la troisième dimension permet de sortir d'une surface fermée sans franchir la ligne qui la limite,

dans la géométrie à trois dimensions, la quatrième dimension permet de sortir d'un volume clos sans traverser la surface qui l'enferme.

3° En règle générale, de même qu'en géométrie plane, deux droites se coupent en un point,

qu'en géométrie spaciale, deux plans se coupent suivant une droite et un plan coupe une droite en un point,

en géométrie hyperspaciale, deux espaces classiques (^{1}) se coupent suivant un plan, un espace classique coupe un plan suivant une droite, et une droite suivant un point, et deux plans se coupent suivant un point.

Les lecteurs, que ces questions intéressent et qui possèdent une grande sûreté de jugement, indispensable dans l'espèce, trouveront de jolis problèmes, élégamment traités dans l'*Introduction à la géométrie à quatre dimensions* par BOUCHER.

Cet Ouvrage forme un tout avec le *Traité élémentaire de géométrie à quatre dimensions* établi par E. JOUFFRET sur des conditions de géométrie analytique et de géométrie descriptive.

Revenons dans l'espace usuel à trois dimensions.

Il est uniforme, isotrope et homogène. Les directions

(^{1}) C'est-à-dire identiques au vieil espace de nos pères, auquel nous accordons, à l'exclusion de tous autres, l'existence objective.

parties d'un même point possèdent des propriétés identiques. Rien ne distingue les points les uns des autres.

Il y règne le postulatum d'*Euclide*, d'après lequel on ne peut mener d'un point qu'une parallèle à une droite (¹), et la somme des angles d'un triangle est deux droits. Dans l'espace pseudosphérique de LOBATSCHEWSKI, on peut mener d'un point une infinité de parallèles à une droite et la somme des angles d'un triangle est inférieure à deux droits. Dans l'espace sphérique de RIEMANN, on ne peut mener d'un point aucune parallèle à une droite et la somme des angles d'un triangle est supérieure à deux droits.

L'espace de LOBATSCHEWSKI, celui de RIEMANN et l'espace à quatre dimensions ou à *n* dimensions sont pour nous des abstractions de l'esprit, des tours de force de *logistique* difficiles à concevoir.

Bien qu'elle joue un grand rôle dans les sciences mathématiques, nous croyons devoir passer sous silence la représentation géométrique des grandeurs imaginaires. C'est un autre tour de force de logistique.

Avec le bonhomme Chrysale, nous admettons comme base de la Géométrie les idées expérimentales, dont les logisticiens prétendent faire abstraction, nous croyons à l'objectivité de l'espace, du temps et du mouvement, bien que nous ne connaissions rien qu'à l'état subjectif et bien que nous manquions de repères fixes et d'étalons permanents.

Nous ne voyons rien de commun entre l'univers où nous vivons et les géométries artificielles, filles de l'imagination, et nous attribuons volontiers, avec BARBARIN, l'épithète de « factice » à la géométrie à quatre dimensions.

Nous sommes convaincu de l'existence objective d'un espace absolu, mais l'homme ne dispose d'aucun repère

---

(¹) Ce postulatum s'énonce ainsi : « Si deux droites situées dans un même plan font avec une sécante et d'un même côté de celle-ci des angles intérieurs dont la somme est moindre que deux droits, ces droites prolongées indéfiniment se rencontrent de ce côté. »

absolument immobile et ne peut fixer ni l'origine, ni les axes de coordonnées auxquels il rapporte la position du monde. Cela a amené H. Poincaré à contester l'existence objective de l'espace absolu, comme Goyteux l'avait niée dès 1864 ([1]).

Nous ne sommes pas absolument certain que la Terre tourne, et non pas tout l'univers autour d'elle; nous ne sommes pas absolument certain qu'une toupie tourne, et non pas la Terre et tout l'univers autour d'elle, mais il y a des probabilités tellement voisines de 1 qu'elles équivalent pratiquement à des certitudes.

Nous ne pouvons pas constater pratiquement et sûrement que deux droites sont égales, que trois points sont en ligne droite ou que quatre points sont dans un même plan.

Nous avons la notion d'un point matériel, corps de dimensions infiniment petites complètement isolé dans l'espace, bien qu'il nous soit de toute impossibilité d'observer un pareil corps :

1° parce que tous les corps de la nature sont de dimensions finies ;

2° parce que nous ne pouvons pas supprimer, fût-ce par la pensée, tous les corps de la nature sauf un ;

3° parce que, même dans ce cas, en dehors de ce corps, il resterait nous, *l'observateur.*

Nous sommes porté à admettre que l'univers est infini, bien que notre vue, armée des plus forts télescopes, s'arrête peut-être à 100 quintillions de mètres (10^{20} mètres), comme nous l'avons admis, peut-être même à 800 quatrillions de mètres (8.10^{17} mètres), selon Barbusse.

Nous n'avons pas la prétention de juger l'ensemble de l'univers par le minuscule échantillon que nous en connaissons : l'Océan obéit à d'autres lois qu'une goutte d'eau.

([1]) *Les principes de la Physique.*

CHAPITRE II.

LE TEMPS.

OPINION DE J. BECQUEREL.

Le temps est, comme l'espace, une donnée expérimentale.

Tant que nous vivons, et surtout dans l'âge mûr, nous avons conscience que notre moi, persistant et à peu près constant, perçoit des impressions successives, que notre pouls bat à peu près régulièrement, que nous passons tour à tour par des périodes de veille et de sommeil, que les jours et les nuits se succèdent, ainsi que les marées, ainsi que les phases de la Lune, ainsi que les saisons de l'année, qu'un pendule a des oscillations régulières.... Telle nous paraît être l'origine de la notion du temps, du jour, du mois et de l'année.

Peu après l'apparition de l'homme sur la terre, il a compté sur les doigts de ses mains et il a inventé la numération décimale ([1])...; de là est venue la notion du siècle.

Pour DE CYON ([2]), le labyrinthe de l'oreille est non seulement, comme nous l'avons dit au Chapitre I, un appareil de mesure de l'espace et l'organe d'un sens géométrique qui apprécie l'espace, mais encore un appareil de mesure du temps et l'organe d'un sens arithmétique qui apprécie le temps. Il estime que « *dans notre système d'activité motrice,*

([1]) Sur une main, les Romains comptaient I, II, III, IV, V; sur les deux mains, VI, VII, VIII, IX, X. Sans insister davantage, on voit combien la numération latine était imagée.

([2]) *Dieu et Science.*

les fonctions du labyrinthe de l'oreille nous prennent non seulement les processus relatifs à l'espace, mais encore les processus relatifs au temps. »

Nous ne nous prononçons pas sur ces théories physiologiques encore controversées.

Les deux points suivants nous paraissent évidents :

1º Nous avons la notion d'un temps absolu, bien que nous ne puissions pas constater pratiquement et sûrement la simultanéité de deux phénomènes : le son, l'électricité, la lumière, et peut-être même l'attraction universelle ne se propagent pas instantanément.

2º Nous avons la notion d'un temps régulièrement réparti, bien que nous ne puissions pas constater pratiquement et sûrement l'égalité absolue de deux périodes de temps. L'homme inoccupé *trouve le temps long* et l'homme actif dit avec le poète :

« *Et interea fugit irreparabile tempus.* »

Le sens commun admet la variation continue du temps, mais il ne serait pas absolument impossible qu'il existât un atome de temps.

En 1905, WICKERSHEIMER a défini le temps « *la variable indépendante dont sont fonctions les coordonnées d'un point déterminé par rapport à trois axes supposés fixes dans l'espace* ». Le moindre défaut de cette définition est qu'elle permet de substituer au temps l'une quelconque de ses fonctions.

PTOLÉMÉE expliquait le mouvement diurne par la rotation de tout l'Univers, la Terre exceptée, autour de l'axe des pôles. Un enfant qui joue à la toupie peut admettre que lui-même, la Terre et l'Univers tournent autour de l'axe de sa toupie. Mais ces explications sont infiniment moins probables que la rotation de la toupie et que la rotation de la Terre autour de l'axe des pôles et autour du Soleil selon COPERNIC.

Le mouvement diurne est soumis à une cause accélératrice (le refroidissement et la contraction de la Terre) et à trois causes retardatrices [l'annexion des météorites, le frein des marées et les inductions électriques (étudiées par QUET) entre le Soleil et les planètes].

En supposant à tort que ces quatre influences se compensent rigoureusement, les astronomes regardent comme constante la durée du jour sidéral et la prennent comme étalon de temps, faute de mieux. Mais les cosmogonographes doivent tenir le plus grand compte de ces quatre causes de variation du jour sidéral. Elles ont été jadis plus importantes qu'aujourd'hui.

L'année *sidérale*, temps que met le Soleil à paraître revenir devant une même étoile, est à peu près constante. L'année *tropique*, temps que met le Soleil à paraître revenir à l'équinoxe de printemps γ est un peu plus courte que l'année sidérale et variable par suite de la précession des équinoxes. L'année *anomalistique*, temps que met le Soleil à paraître revenir au périgée est un peu plus longue que l'année tropique et même que l'année sidérale en raison du mouvement du périgée.

Le *jour solaire moyen* est le temps qui s'écoule entre deux passages successifs au méridien du même lieu d'un astre fictif, parcourant l'équateur d'un mouvement uniforme et passant, à l'équinoxe du printemps, deux fois de suite en même temps qu'un deuxième astre fictif, qui parcourrait l'écliptique avec une vitesse uniforme de même sens que la vitesse du Soleil dans son mouvement apparent, et qui passerait en même temps que lui deux années de suite au périgée.

Actuellement, l'*année tropique* est égale à 365 jours solaires moyens, 242 216 6, valeur extrêmement voisine de la valeur moyenne de l'*année civile moyenne*, 365 jours solaires moyens, 2425.

L'année civile, le siècle (100 ans) et la mégannée (1 000 000 d'ans), sont des unités de temps tour à tour employées.

Pour D'ALEMBERT (1754) et pour MINKOWSKI (1903), le temps est la quatrième dimension de l'espace.

Dans sa conférence du 10 avril 1911 au Congrès de Philosophie de Bologne, LANGEVIN nie l'existence absolue, objective du temps.

LECHALAS discute ses développements dans un article, « *le nouveau temps* », publié par l'*Année philosophique* de 1912.

Pour notre part, nous admettons que le temps a une existence absolue et objective.

Mais nous ne pouvons jamais affirmer la simultanéité de deux phénomènes : la transmission de la lumière, celle de la pensée à l'intérieur d'un individu, celle de la pensée d'un individu à l'autre (si elle est possible) ne sont pas instantanées ; la vitesse de transmission de l'attraction est peut-être seulement égale, d'après GERBER à la vitesse de la lumière, d'après LAPLACE à 50 millions de fois cette vitesse.

Nous ne savons pas mesurer le temps d'une façon rigoureuse, car la rotation diurne est loin d'être uniforme, le jour sidéral n'est pas constant et l'année tropique l'est encore moins.

Peut-être nous trompons-nous, et le temps, « *image mobile de l'immobile éternité* », n'a-t-il qu'une existence subjective ?

Deux faits sont en présence : la liberté des âmes (Chap. VI) et l'omniscience divine (Chap. VII). Ils sont difficiles à concilier, si le temps a une existence objective.

BOUCHER donne à leur coexistence une explication, plutôt nébuleuse, en admettant que le temps a deux dimensions, de même qu'il croit que l'espace en a quatre. La conception de l'hypertemps, continu physique à deux dimensions, est tout à fait analogue à celle de l'hyperespace, continu physique à quatre dimensions.

Nous reviendrons, aux Chapitres IX et XXI, sur ce point délicat.

Les rapports du temps et de l'Univers ont été l'objet, le

18 juillet 1913, de l'excellent article suivant de JEAN BEC-QUEREL.

L'UNIVERS EST-IL ÉTERNEL?

« Il est peu de problèmes qui présentent plus d'intérêt que celui de l'évolution des mondes dont l'ensemble constitue ce que nous appelons l'univers. Des théories modernes ont conduit à penser que l'univers subit une évolution alternante : les étoiles (soleils) et les systèmes d'étoiles se forment dans les nébuleuses, celles-ci étant à leur tour engendrées par le choc de soleils éteints ou par l'agglomération progressive de débris d'astres morts. On a pu concevoir des mécanismes qui ferment de cette manière le cycle de l'évolution.

Mais ce n'est pas tout. Il n'y a pas que la matière dans l'univers, il y a aussi l'énergie, et c'est ici que se pose la question la plus grave : L'évolution des mondes est-elle éternelle ? Les forces de la nature ne tendent-elles pas, au contraire, à s'épuiser ? L'univers ne vieillit-il pas ?

Il existe un célèbre principe de thermodynamique, *le principe de* CARNOT *et* CLAUSIUS, qui nous enseigne que l'énergie se dégrade sans cesse. *S'il en était ainsi dans la nature tout entière, l'univers aurait une fin.*

Pour comprendre la question, il nous faut reprendre à leur base les faits et les idées sur lesquels repose la thermodynamique. Il existe diverses formes de l'énergie : l'énergie chimique, l'énergie électrique..., enfin l'énergie calorifique. Un des principes fondamentaux de la physique est celui de la *conservation de l'énergie :* quand il y a, par exemple, transformation de chaleur en travail mécanique, il y a proportionnalité entre la chaleur disparue et le travail produit.

Mais si l'énergie ne se perd jamais, il n'en résulte pas que ses diverses formes aient les mêmes qualités. Un exemple fera comprendre : l'énergie d'un corps en mouvement peut toujours être, par frottement, transformée complètement en chaleur; mais, inversement, une quantité déterminée de chaleur ne peut pas être intégralement transformée en travail. Chacun sait que, dans la machine à vapeur, une énorme partie de la chaleur prise à la chaudière est apportée au condenseur. Dans toute machine thermique, il y a au moins une source chaude et une source froide, et toujours une partie de la chaleur empruntée à la source chaude passe à la source froide : cette partie n'est pas perdue, au sens de la conservation de l'énergie, mais elle est *inutilisée.*

Pourquoi la chaleur est-elle donc une forme inférieure de l'énergie, une énergie de mauvaise qualité ?

La raison est très simple. Les physiciens ont démontré que les corps, solides, liquides ou gazeux, sont formés de molécules en nombre colossal (1 cm³ d'air en contient 30 milliards de milliards), animées d'un mouvement d'agitation perpétuel. C'est ce mouvement qui constitue la chaleur, et la température est déterminée par la vitesse moyenne d'agitation. Mais les molécules vont en tous les sens, d'un mouvement désordonné; la chaleur n'est donc pas orientée : voilà pourquoi c'est de l'énergie *dégradée;* elle est comparable à une foule dont les individus, complètement inintelligents, se dirigeraient au hasard se heurtant, les uns les autres, et seraient incapables d'unir leurs efforts.

On comprend aussi pourquoi l'énergie tend à prendre d'elle-même la forme de la chaleur : c'est que le mouvement désordonné est celui qui a le plus de chances de se produire. Le principe de CARNOT-CLAUSIUS exprime l'impossibilité de transformer intégralement de la chaleur en travail. Ce principe et les conséquences qui en découlent peuvent s'énoncer sous diverses formes : la chaleur ne passe jamais d'elle-même d'un corps froid sur un corps chaud; on ne peut pas produire de travail avec une seule source de chaleur : l'énergie utilisable d'un systèm3 *isolé* diminue constamment. Cette dernière forme est celle qui doit retenir notre attention.

Imaginons un espace isolé, c'est-à-dire qui n'admet aucun accès de chaleur de l'extérieur et d'où aucune chaleur ne peut sortir. Plaçons dans cet espace des corps, des machines; la chaleur passera des corps plus chauds aux corps moins chauds, jusqu'à ce que tous arrivent à une même température. Alors, en vertu du principe de CARNOT, aucune machine ne pourra plus fonctionner; l'équilibre stable sera établi, caractérisé par un nivellement des températures et en même temps par une diffusion homogène de la matière sans aucune différenciation locale. Ce sera ce que CLAUSIUS a appelé la *mort de la chaleur* (Warmetod). CLAUSIUS n'a pas hésité à appliquer ce principe à l'univers : l'énergie de l'univers est constante, mais elle se dégrade, les sources du mouvement s'affaiblissent peu à peu et la mort de la chaleur finira par régner partout.

Pourtant, oublions pendant quelques instants la thermodynamique et demandons-nous si une pareille conclusion est admissible. Si le monde existe depuis un temps infini, cette mort aurait dû s'établir, à moins d'admettre qu'à une époque qui n'est pas infiniment éloignée il y ait eu *création* soudaine d'énergie; mais ceci serait contraire au principe de la conservation de l'énergie. En d'autres termes, le principe de la conservation de l'énergie a toujours existé, et alors ses transformations décrivent nécessairement des *cycles fermés;* il faut donc, malgré le principe de CARNOT, essayer de fermer le cycle de l'énergie.

Est-il d'abord possible de considérer l'univers, dont nous ne saurions concevoir les limites, comme un de ces systèmes isolés conçus par les mathématiciens ? Nous posons cette question, mais nous ne la discuterons pas, car elle touche aux confins du domaine de l'esprit humain.

D'autre part, le principe de CARNOT-CLAUSIUS n'est exact que pour un mouvement complètement désordonné. Qui donc serait assez téméraire pour oser affirmer que l'évolution générale de l'univers est soumise aux lois du hasard ? L'admirable harmonie des lois naturelles ne nous fait-elle pas, au contraire, sentir l'ordre qui règne dans la nature tout entière ?

Mais revenons à une discussion plus strictement scientifique. Admettons même que le principe de CARNOT soit applicable à un espace infini. N'y a-t-il pas, dans la nature, quelque mécanisme permettant d'échapper à la dégradation de l'énergie ? Un éminent savant suédois, SVANTE ARRHENIUS, a émis depuis quelques années des idées géniales que nous allons résumer.

Quelle est, en somme, la raison d'être du principe de CARNOT ? C'est que les molécules des corps sont très nombreuses, qu'elles tendent à se mêler et à ne plus obéir qu'aux lois du hasard.

Il en serait tout autrement si les mouvements des molécules cessaient d'être désordonnés, si de petits êtres intelligents (tels que les « démons » imaginés par MAXWELL) ou, ce qui revient au même, si des « forces orientées » parvenaient à « démêler les molécules ».

Or précisément il y a de telles forces dans la nature. Par exemple, une conséquence des propriétés des gaz est que, malgré la gravité, les atmosphères des astres doivent peu à peu s'évaporer; les gaz les plus légers sont les premiers à partir; il y a donc un triage des molécules. Celles-ci vont dans l'espace, où la matière est très raréfiée, où elles sont en quelque sorte isolées et constituent autant de petits projectiles; elles ne se dirigent plus au hasard, mais vont où les conduisent les forces orientées (gravité, forces électriques, etc.). Quand elles étaient réunies en masse, leur énergie était de la chaleur, mais du moment qu'elles ont été triées et qu'elles se sont éparpillées dans l'espace, l'énergie n'est plus dégradée, elle s'est élevée au rang de « travail ».

Cet effet doit se produire surtout dans les gaz très raréfiés des nébuleuses. Quand les nébuleuses reçoivent de la chaleur, les parties périphériques perdent celles des molécules qui ont acquis les plus grandes vitesses. Ces molécules finiront par être captées par d'autres astres, contribuant ainsi à entretenir leur rayonnement.

Le principe de CARNOT n'est pas « violé », il est « tourné » : On peut dire non pas qu'il est en défaut, mais qu'il ne trouve pas son application.

Mais ce n'est pas tout : il y a encore un mécanisme merveilleux qui permet la régénération de l'énergie dans les nébuleuses. HOMER LANE a démontré qu'une masse gazeuse, peu dense, *soumise aux forces d'attraction* (gravité), jouit de singulières propriétés : quand on lui donne de la chaleur, elle se dilate, *et alors elle se refroidit*; inversement, si elle perd de la chaleur, sa température s'élève, sa chaleur spécifique est négative. Ce résultat peut sembler paradoxal, et pourtant il est exact.

Imaginons alors deux masses de gaz à des températures différentes : *conformément au principe de* CARNOT, la plus chaude cédera de la chaleur à la plus froide, mais en même temps elle s'échauffera, alors que la plus froide se refroidira davantage : l'écart des températures sera augmenté; c'est, au contraire, le nivellement des températures, la « mort de chaleur », qui aurait violé le principe de CARNOT.

Les choses peuvent se passer ainsi jusqu'à ce que les gaz aient acquis une certaine densité. Ensuite, la chaleur spécifique devient positive et la dégradation de l'énergie se produit.

En résumé, l'énergie se dégrade dans les soleils et dans les systèmes solaires, mais elle se régénère dans les nébuleuses, qui sont des mondes en formation. Les mondes meurent pour faire place à des mondes nouveaux.

Sans doute, nous n'avons pas indiqué un cycle complet de l'énergie, nous avons seulement montré que *la dégradation de l'énergie ne se produit pas toujours*, et c'est déjà un beau résultat; cela suffit pour nous autoriser à penser que le cycle de l'évolution peut réellement se fermer, par un mécanisme qu'il nous est encore impossible de préciser, mais dont nous soupçonnons quelques traits. Nous avons le droit de croire que *l'évolution de l'énergie*, comme d'ailleurs celle de la matière, *décrit un cycle perpétuel*, un cycle où nous ne voyons ni commencement ni fin. »

JEAN BECQUEREL,
Professeur de physique au Muséum.

L'Homme est hors d'état de mettre en évidence un espace et un temps absolus; mais, à notre humble avis, H. POINCARÉ a tort d'en conclure à la non-existence d'un espace et d'un temps absolus auxquels se rapportent les phénomènes et de n'y voir que des formes de notre entendement, passées héréditairement dans nos habitudes, au cours d'une longue évolution. Malgré sa grande autorité, nous ne pouvons pas assimiler au pur néant tout ce qui n'est pas la pensée humaine, et nous regardons l'espace et le temps comme des réalités extérieures à nous, infiniment probables, mais très mal connues de nous.

Pour exprimer en d'autres termes la même pensée, nous regardons l'existence objective de l'espace à trois dimensions infinies et soumis au postulatum d'EUCLIDE et l'existence objective du temps comme les objets d'une probabilité extrèmement voisine de l'unité, mais non d'une certitude mathématique.

CHAPITRE III.

L'ÉTHER INTERSTELLAIRE.

Les intervalles immenses qui séparent les astres les uns des autres ne sont pas, comme on l'a cru longtemps, occupés par le néant absolu, mais par un principe dépourvu de pesanteur, par l'éther interstellaire dont la vibration constitue la lumière.

Sir William Thomson (lord Kelvin) a émis en 1867 [1] cette hypothèse que « *l'espace est occupé d'une façon continue par un liquide incompressible, sans frottement, soumis à aucune force et qu'un phénomène matériel quelconque dépend uniquement des mouvements créés dans ce liquide* ».

Brillouin et Bjerknes ont admis la même hypothèse et lord Kelvin a supposé ultérieurement l'espace plein d'un solide continu.

Nous ne connaissons pas la constitution de l'éther. Nous admettons qu'il est identique à l'électricité et formé de particules indivisibles égales entre elles. N'y a-t-il absolument rien entre deux particules voisines d'éther, ou bien s'y trouve-t-il un fluide primordial que le P. Leray [2] appelle l'*éon* ? Dans ce dernier cas, si l'éon est lui-même discontinu, qu'y a-t-il entre deux particules voisines d'éon ?

On appelle *électron* une unique particule d'éther, un corpuscule, un atome d'électricité.

---

[1] *On vortex motion.*

[2] *Constitution de la matière et de ses mouvements : Nature et cause de la pesanteur,* 1869.

C'est la masse la plus petite qu'on ait à envisager.

Elle est de l'ordre de grandeur de l'octillionigramme.

L'éther se répartit à peu près uniformément dans tout l'univers, aussi bien dans les espaces interstellaires qu'à l'intérieur des astres : nous verrons pourquoi au Chapitre V.

Comme grossière approximation, nous évaluons à 12,5 sextillionigrammes la masse d'un centimètre cube d'éther interstellaire, soit à un gramme celle de 80 myriamètres cubes d'éther interstellaire (¹).

Que le lecteur veuille bien songer combien c'est peu qu'un gramme-masse d'éther uniformément réparti sur 80 myriamètres cubes !

(¹) Rappelons les bases de notre évaluation de la masse x d'un centimètre cube d'éther interstellaire.

Dans *l'Electricité et la matière*, article publié en 1891 par la *Revue scientifique*, nous avons dit :

« *Le Soleil est une source de radiations lumineuses et autres. Si l'on appelle a et b les deux demi-axes de l'ellipse décrite, sous l'action de la radiation solaire, par un point situé à l'extrémité de l'atmosphère terrestre et T la durée de la vibration, la demi-force vive d'un centimètre cube d'éther en ce point est* $\dfrac{\pi^2 x (a^2 + b^2)}{T^2}$ *ergs. Comme la lumière se propage dans le vide avec une vitesse d'environ 300 mégamètres par seconde, cette demi-force vive est, sauf la partie absorbée par l'atmosphère terrestre, communiquée en* $\dfrac{1}{3.10^{10}}$ *seconde à 1 centimètre carré de surface de la terre frappé normalement.* »

Violle a mesuré qu'un centimètre carré de surface terrestre, frappé normalement des rayons du soleil reçoit, sauf l'absorption atmosphérique, 2540 calories par minute ou 0 erg, 059 en $\dfrac{1}{3.10^{10}}$ seconde.

T est environ égal à $\dfrac{1}{5.10^{14}}$ seconde.

a et b sont inconnus, mais nous les avons évalués *arbitrairement* à un centimicron ou à 10 $\mu\mu$.

Il en résulte que x est *arbitrairement* évalué par nous à $\dfrac{12,5}{10^{21}}$.

La masse spécifique de l'éther est très petite, mais pas nulle.

Il ne faut voir d'ailleurs dans les chiffres ci-dessus rien de plus qu'une simple indication.

Quant au poids spécifique de l'éther, il est nul, si, comme nous le croyons, l'éther est sans action sur la matière de la terre.

Un point est dit *électrisé positivement* ou *négativement* quand son voisinage immédiat contient plus ou moins d'éther que la dose normale d'environ 12,5 sextillionigrammes par centimètre cube.

On nomme *potentiel* d'un corps électrisé par rapport à un point A la somme algébrique des masses d'éther qu'il contient, en plus ou en moins, de la dose normale, divisées chacune par sa distance au point A.

Tout déplacement de l'éther s'appelle un courant électrique.

Un aimant constitué par un corps magnétique (fer, acier, nickel, cobalt, platine, etc.) renferme des courants giratoires de l'éther qui s'exécutent dans des plans sensiblement parallèles entre eux et dans le sens des aiguilles d'une montre. (Pourquoi ?)

On appelle *pôle boréal* d'un aimant l'extrémité située à droite des courants qui le constituent ([1]) et *pôle austral* l'autre extrémité.

Un dia-aimant, constitué par un corps diamagnétique (bismuth, antimoine, zinc, étain, plomb, argent, cuivre, or, soufre, phosphore, charbon, etc.) renferme des courants giratoires de l'éther qui s'exécutent dans des plans sen

---

([1]) C'est-à-dire à droite d'un observateur placé dans le courant de telle sorte qu'il lui entre par les pieds et qu'il sorte de lui par la tête. Cet observateur repose par son ventre sur la surface de l'aimant.

siblement parallèles entre eux et dans le sens inverse des aiguilles d'une montre. (Pourquoi ?)

L'éther contenu dans la Terre est partiellement entraîné par son mouvement de rotation autour de l'axe polaire dans le sens inverse des aiguilles d'une montre ([1]). Il a, par rapport à elle, un mouvement relatif de rotation dans le sens des aiguilles d'une montre.

La Terre est par conséquent à peu près assimilable à un aimant, dont les deux pôles seraient voisins des extrémités de son axe de rotation. Le pôle boréal de l'aimant terrestre est voisin du pôle nord de la Terre et le pôle austral voisin du pôle sud ([2]).

Sans illusion sur sa valeur, nous soumettons notre théorie ci-dessus aux électriciens.

Entre deux points très différemment électrisés, il se produit une décharge, une étincelle électrique.

Si ces deux points sont dans le vide, l'électrode négative est le point de départ de rayons cathodiques.

Ce sont probablement des jets d'électrons, entourés de zones d'éther raréfié. Ici, un point d'interrogation.

Une décharge électrique oscillante, une vibration d'éther constitue, selon sa durée, une source d'oscillation hert-

---

([1]) D'après une hypothèse de FRESNEL, vérifiée par FIZEAU (*Annales de Chimie et de Physique*, 1859) et par MICHELSON et MORLAY (*Philosophical Magazine*, 1887), un corps de pouvoir inducteur spécifique K, marchant à la vitesse de v centimètre par seconde, entraîne avec lui une portion $\dfrac{K-1}{K}$ de l'éther qu'il contient et la vitesse de la lumière à travers ce corps dans le sens de son mouvement est environ $\sqrt{K} . 3 . 10^{10} \vdash \dfrac{K-1}{K} v$ centimètres par seconde.

([2]) C'est le motif qui fait affecter aux deux pôles d'un aimant les noms d'*austral* et de *boréal*.

zienne utilisée dans la télégraphie sans fil, de chaleur rayonnante, de lumière ou d'actinisme.

Les oscillations hertziennes les plus rapides durent 10 trillionièmes de seconde.

Il y a encore un petit hiatus entre elles et la chaleur rayonnante.

Les vibrations de chaleur rayonnante durent de $\frac{1}{4}$ à $\frac{1}{387}$ de trillionième de seconde.

Celles de lumière durent de $\frac{1}{387}$ à $\frac{1}{742}$ de trillionième de seconde suivant que leur couleur varie du rouge au violet.

Celles d'actinisme durent de $\frac{1}{742}$ à $\frac{1}{3000}$ de trillionième de seconde.

Quelle que soit sa durée, une vibration d'éther se propage de proche en proche par induction dans l'éther immobile. Sa vitesse de propagation est, pour la lumière, comprise entre 299 830 et 299 930 kilomètres par seconde ou entre 9463 et 9466 trillions de mètres par an.

Le Soleil nous envoie des vibrations de l'éther qui durent de $\frac{1}{113}$ à $\frac{1}{1037}$ de trillionième de seconde et qui comprennent, par conséquent, de la chaleur rayonnante, de la lumière et de l'actinisme. L'ensemble constitue, par définition, de la lumière blanche.

L'identité des ondes lumineuses et des ondes électriques, prévue par la théorie électromagnétique de MAXWELL, a été démontrée par les expériences de HERTZ.

Le liquide ou le solide de LORD KELVIN est pour nous l'éther interstellaire ou l'électricité. Nous l'assimilons à la fois

à l'ἕν τὸ πᾶν (*un le tout*) idéal des alchimistes au moyen âge;

à la *matière subtile* de DESCARTES,

et au *protyle* de W. CROOKES.

Il est le principe fondamental de la matière.

CHAPITRE IV.
LA MATIÈRE.

Nos sens sont trop grossiers pour percevoir les atomes.

Néanmoins, la théorie atomique, que nous allons exposer dans le présent Chapitre, et qui a été ébauchée il y a 24 siècles par Leucippe et par son élève Démocrite, nous paraît aujourd'hui indiscutable, au moins dans ses grandes lignes, sinon dans le détail.

Certains philosophes admettent exclusivement l'existence de la matière.

Elle n'est pour nous que de l'éther en mouvement.

Von Helmholtz a montré en 1858, dans un Mémoire inséré au *Journal de Borchardt* ([1]), que, dans un liquide parfait, un *anneau tourbillon* se conserve en se propageant et en changeant de forme sans que jamais la connexion de ses parties constituantes puisse être rompue.

Si l'on remplace le liquide de von Helmholtz par celui de lord Kelvin, on obtient comme anneaux tourbillons des atomes de matière ([2]).

Nous admettons qu'un atome de matière est formé de particules d'éther groupées par exemple en forme de tore et animées d'un mouvement de rotation dans chaque section méridienne.

([1]) *Ueber Integrale der hydrodynamischen Gleichùngen welche der Wirbelbewegungen entsprechen.*

([2]) *On vortex motion*, 1867.

Les tourbillons, les *vortices* d'éther qui constituent les atomes sont plus ou moins analogues aux anneaux de fumée qu'émettent les fumeurs ou que produit la combustion de l'hydrogène phosphoré.

BRILLOUIN et H. POINCARÉ ont exposé à leur tour la théorie des atomes tourbillons en 1891 et en 1893.

Cette hypothèse explique la permanence approximative des atomes et la difficulté pour l'homme de transformer un atome en éther ou en un autre atome.

Elle n'explique pas pourquoi un atome d'une espèce déterminée a toujours la même masse, c'est-à-dire comprend toujours le même nombre de particules d'éther; elle n'explique pas non plus les différences de propriétés et notamment d'atomicité ou de valence présentées par les atomes.

Bien que nous ne puissions ni voir ni mesurer les atomes, nous avons déjà quelque notion de leur architecture.

Ceux d'hydrogène, de potassium, de chlore, etc. sont monoatomiques;

ceux de mercure, d'oxygène, de soufre, de calcium, etc. sont diatomiques;

ceux de thallium, d'or, etc. sont triatomiques;

ceux de carbone, de silicium, de manganèse, de fer, etc. sont tétratomiques;

ceux d'azote, de phosphore, d'arsenic, de vanadium, etc. sont pentatomiques;

ceux de tungstène, d'uranium, etc. sont hexatomiques,

et ils tendent à saturer leurs atomicités soit par celles d'autres atomes, soit par celles du même atome.

Une molécule est formée par un atome, dans le cas du mercure qui satisfait l'une par l'autre ses deux atomicités, ou en général par plusieurs atomes dont toutes les atomicités sont satisfaites deux à deux. Elle est simple, quand tous les atomes constituants sont identiques, et composée quand ils sont différents.

Les molécules des corps simples, dont l'atomicité est
mesurée par un nombre impair, contiennent un nombre pair
d'atomes qui est forcément égal à deux pour les corps monoatomiques comme l'hydrogène H — H et le potassium
K—K La molécule d'arsenic pentatomique comprend une
chaîne fermée de quatre atomes

$$As = As$$
$$||| \quad |||$$
$$As = As$$

Les molécules des corps simples, dont l'atomicité est
marquée par un nombre pair, peuvent contenir un nombre
quelconque d'atomes : un, comme celle de mercure diato-
mique, formée d'un unique atome, dont les atomicités se
satisfont réciproquement $Hg \supset$ ([1]); deux, comme celle d'oxygène $O = O$, ou comme celle de soufre au delà de 1000°
$S = S$; trois, comme celle d'ozone, formée d'une chaîne
fermée de trois atomes

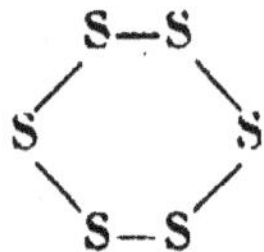

six, comme celle de soufre en deçà de 1000°, formée d'une
chaîne fermée de six atomes

Les atomes stables sont des tourbillons, des *vortices* d'éther
permanents.

Les atomes radioactifs sont des tourbillons, des *vortices*
d'éther qui tendent à se résoudre en éther en libérant leur
force vive. On constate l'apparition de cette force vive,
mais nos balances sont trop peu sensibles pour avoir pu,

([1]) Cette propriété du mercure paraît partagée par le zinc, par le cad-
mium, par l'argon, par l'hélium, etc.

jusqu'ici, constater le remplacement de la masse matérielle pesante par de la masse éthérée dépourvue de poids.

Notre excellent camarade HENRI BECQUEREL a distingué en 1899, dans les émanations issues des corps radioactifs :

des rayons α, électrisés positivement et très peu déviables par l'aimant ;

des rayons β identiques aux rayons cathodiques des tubes de CROOKES, électrisés négativement et très peu déviables par l'aimant et en sens inverse des rayons α ;

et des rayons γ non déviables, identiques aux rayons X et permettant de faire de la radiographie avec des sels de radium.

Les rayons α paraissent être un bombardement de molécules d'*hélium*.

L'uranium émet de l'hélium et donne un résidu de radium, le radium émet de l'hélium et donne un résidu de polonium.

SIR W. RAMSAY et SODDY ont transmuté du radium en hélium.

SIR W. RAMSAY a obtenu du lithium à l'aide d'émanations de radium sur du cuivre.

COLLY et PATERSON ont obtenu de l'hélium et du néon en faisant passer un courant électrique à travers de l'hydrogène.

Il paraît y avoir là des exemples de la transmutation des métaux, si âprement cherchée par les alchimistes du moyen âge, qui voulaient transformer les autres métaux en or, métal incorruptible..., mais corrupteur des âmes humaines. (Pardon pour cette mauvaise plaisanterie !)

Somme toute, ces phénomènes sont encore imparfaitement connus.

PERSE a dit jadis :

« *Gigni.*
De nihilo nihil, in nihilum nil posse reverti. »

LAVOISIER a dit, de même en 1783 : « *Rien ne se perd, rien ne se crée dans les opérations de l'art comme dans celles de la nature* », et c'est sur cette base qu'il a édifié la chimie moderne.

ROBERT MAYER a dit, en 1842, « *que la chaleur peut être transformée en travail mécanique et, réciproquement, que dans cette transformation il existe un rapport constant entre la quantité de chaleur produite ou détruite et le travail détruit ou produit* ».

Ces deux principes paraissent simultanément en défaut dans le cas des corps radioactifs. Le Dr GUSTAVE LE BON a eu raison de proclamer dès 1905 que « *les atomes de tous les corps peuvent s'évanouir sans retour en se transformant en énergie* ». La formule de LAVOISIER a été également en défaut quand l'univers s'est constitué spontanément ou a été créé au sein de l'éther et à ses dépens par une volonté extérieure et supérieure au monde. Il est très probable que l'ère de la création n'est pas close et que, pendant que l'homme constate les disparitions de molécules radioactives, d'autres molécules apparaissent au sein et aux dépens de l'éther. Cette apparition nous semble assimilable à une création.

Comme le dit avec beaucoup de raison H. POINCARÉ, une molécule quelconque est « *un édifice aussi compliqué que le système solaire* » (¹).

D'accord avec MAURICE LÉVY, il entrevoit dans une molécule un soleil central entouré d'une zone d'éther condensé et des planètes (ou électrons) entourées de zones d'éther raréfié.

Ceci vient encore à l'encontre de l'hypothèse qui voit dans l'électron une particule unique d'éther ou d'électricité.

Comme nous l'avons déjà dit, les atomes de matière sont,

(¹) En contresignant cette affirmation, nous ajoutons qu'une cellule vivante (*voir* Chap. VI) résulte de la réunion d'un grand nombre de molécules sous la direction d'une âme et qu'un homme (*voir* Chap. XIII) résulte de l'association de environ 60 trillions de cellules vivantes.

Combien fantastique et déconcertante est la complication de l'édifice constituant un être humain !

d'après leur forme, mono, bi, tri... valents ou mono, bi, tri... atomiques, et ils peuvent s'unir à un, deux, trois... atomes monovalents ou monoatomiques tels que le chlore et l'hydrogène.

Une molécule de matière est formée d'un ou de plusieurs atomes semblables ou non, dont toutes les valences ou toutes les atomicités se satisfont deux à deux, soit dans le même atome, soit entre deux atomes voisins.

Une molécule est électrisée positivement ou négativement, quand elle est entourée d'une zone d'éther condensé ou raréfié.

Un courant électrique est un transport d'éther à travers un corps. Dans le conducteur d'une pile, l'éther va de l'anode, ou pôle positif, à la cathode, ou pôle négatif.

Le courant dissocie les molécules en ions électrisés, formés chacun d'un ou de plusieurs atomes à atomicités incomplètement satisfaites. Les cathions

$$\text{H} -, \qquad \begin{matrix} & & \text{H} \\ & & | \\ \text{H} \searrow & & | \\ & > & \text{Az} --, \\ \text{H} \nearrow & & | \\ & & | \\ & & \text{H} \end{matrix} \qquad \text{Cu} =, \text{ etc.}$$

électrisés positivement, c'est-à-dire entourés d'une zone d'éther condensé, suivent le courant et se rendent à la cathode, reliée au pôle négatif de la pile. Les anions

$$\text{O} =, \quad \text{Cl} -, \quad -\text{O} - \text{O} - \text{S} - \text{O} - \text{O} -, \text{ etc.}$$

électrisés négativement, c'est-à-dire entourés d'une zone d'éther raréfié, remontent le courant et se rendent à l'anode, reliée au pôle positif de la pile.

Les atomes dont la masse est la plus petite sont ceux d'hydrogène.

Dans la première moitié de xix° siècle, certains chimistes lui ont attribué le rôle d'ἐν τε πᾶν, que nous accordons à l'éther.

Un centimètre cube d'air, à la pression atmosphérique et

à la température de la glace fondante, a une masse de 1293 microgrammes, l'hydrogène a une densité de 0,0692 par rapport à l'air, un centimètre cube d'hydrogène à la pression atmosphérique et à la température de la glace fondante a donc une masse de 89 microgrammes.

D'après une loi formulée par AVOGADRO en 1811, un gaz quelconque contient le même nombre de molécules dans le même volume et sous la même pression.

On ignore le nombre exact des molécules contenues dans un centimètre cube d'air à la pression atmosphérique et à la température de la glace fondante. Le décompte précis de ce nombre considérable est naturellement fort difficile. On s'en fait une idée approximative par de nombreux procédés très différents les uns des autres et sur le détail desquels nous n'insisterons pas : frottement intérieur des gaz, conductibilité pour la chaleur, diffusion, rayonnement des corps incandescents, mouvement brownien, emploi du spintariscope (¹), couleur du ciel, etc.

VIOLLE l'évalue à..............	4 quintillions
MAXWELL à	19　　　»
WURTZ à.....................	21　　　»
DARZENS à	31　　　»
CLAUSIUS à...................	37　　　»
PERRIN à	61　　　»
TAIT à......................	100　　　»
STONEY à	1000　　　»
THOMSON à plus de	6000　　　»

Ainsi le nombre des molécules contenues dans un centimètre cube d'air à la pression atmosphérique et à la température de la glace fondante est compris entre 4 quintillions et plus de 6 sextillions, et par conséquent la distance inter-

---

(¹) Cet instrument comprend un peu de substance phosphorescente et un peu de radium qui émet de temps en temps des molécules d'hélium sous le nom de rayons α. A chaque émission d'une molécule d'hélium, correspond une lueur. On compte les lueurs.

moléculaire est comprise entre 6 millimicrons (^{1}) ($6^{\mu\mu}$) et
moins d'un demi-millimicron ($0^{\mu\mu},5$).

Nous avons adopté le nombre moyen de 89 quintillions,
ce qui nous a donné un septillionigramme pour la masse
d'une molécule d'hydrogène, un demi-septillionigramme
pour celle d'un atome d'hydrogène et un peu plus de deux mil·
limicrons ($2^{\mu\mu}$), comme distance de deux molécules voisines
d'un gaz à la pression atmosphérique.

L'existence des atomes nous paraît indéniable, bien que
leur masse ne soit pas encore connue avec certitude.

Les chimistes connaissent exactement la masse des différents atomes, rapportée à celle de l'hydrogène prise comme
unité.

Des atomes réunis ensemble et satisfaisant leurs atomicités constituent une molécule.

Placées dans le voisinage les unes des autres, des molécules pareilles constituent *un corps*. Sa température absolue
est proportionnelle à la demi-force vive moyenne de ses
molécules. Selon sa température, un corps peut présenter
l'un des quatre états types suivants ou un état intermédiaire
entre eux.

Les molécules d'un *solide* parfait froid sont immobiles
et accumulées au nombre de plus de cent sextillions par
centimètre cube soit à moins de deux dixièmes de milli·
micron ($0^{\mu\mu},2$) les unes des autres;

celles d'un *liquide*, accumulées en nombre égal, glissent
constamment les unes près des autres en restant à moins
de deux dixièmes de millimicron ($0^{\mu\mu},2$) les unes des autres;

celles d'un *gaz* sont habituellement à plus d'un milli·
micron ($1^{\mu\mu}$) des molécules voisines, mais passent souvent
pendant un temps très court à une distance moindre;

celles des *ultragaz* n'y passent jamais (^{2}).

(^{1}) Est-il utile de rappeler que le millimicron ($^{\mu\mu}$), unité de longueur
qui sera bientôt d'usage courant, est le millionième d'un millimètre ?

(^{2}) L'état ultragazeux ou radiant de la matière a été entrevu vers
1816 par FARADAY et étudié par CROOKES et par CURIE.

Dans deux Ouvrages parus en 1889 ([1]) et en 1911 ([2]), nous avons étudié, d'après ces hypothèses, les propriétés de la matière en général et spécialement celles de la matière gazeuse.

Les principales propriétés d'un corps sont les suivantes :

sa densité ou la masse d'un centimètre cube,

sa chaleur spécifique nécessaire pour élever d'un degré la température d'un gramme,

sa température de fusion,

sa chaleur latente de fusion,

sa température d'ébullition, à laquelle sa tension maxima de vapeur égale la pression atmosphérique,

la chaleur latente d'évaporation d'un gramme à cette température,

sa couleur, c'est-à-dire la nature des rayons lumineux qu'il diffuse après avoir été frappé par les rayons du Soleil,

sa conductibilité pour la chaleur,

sa transparence pour la lumière,

sa conductibilité pour l'électricité,

ses propriétés magnétiques ou diamagnétiques,

sa solubilité dans l'eau ou dans un autre liquide,

son affinité pour l'oxygène ou pour tel autre corps.

Mais n'anticipons pas sur la question des forces, qui fera l'objet du Chapitre suivant.

([1]) *Les Sciences expérimentales.*
([2]) *L'Atmosphère terrestre et la circulation aérienne.*

CHAPITRE V.

LA FORCE.

OPINIONS DE L. LECORNU ET DE G. LEBON.

En vertu du principe d'inertie, un point matériel (corps infiniment petit), abandonné à lui-même, conserverait intacts la grandeur, la direction et le sens de sa vitesse. En fait, le mouvement de tout point matériel est curviligne. La grandeur, la direction et le·sens de sa vitesse sont-ils modifiés à chaque instant par des chocs qu'il éprouve contre d'autres points matériels ou par des forces qu'exercent sur lui à distance d'autres points matériels ?

Au moyen âge, tous les savants admettaient la première théorie et proclamaient le principe.

Corpora non agunt ubi non sunt.

Le grand, le saint, le divin Newton (¹) qui, après les travaux de Copernic, de Tycho-Brahé et de Kepler, a découvert en 1687 la loi de l'attraction universelle, n'avait pas encore renoncé à ce préjugé. Il écrivait, en effet, le 25 février 1692, dans sa célèbre lettre au Dr Bentley que la matière ne peut exercer d'action qu'au contact, que la pesanteur n'est pas une qualité innée, inhérente, essentielle aux corps et qu'ils ne peuvent agir les uns sur les autres au loin, à

(¹) Comme disait en 1872-1874 notre camarade élève étranger à l'École Polytechnique, Wladimir de Maximovitsch.

travers le vide, que grâce à un intermédiaire qui serve à la transmission de cette force.

R.-J. Boscovich (¹) en 1759, Kant (²) en 1786 et G.-A. Hirn (³) en 1887 ont proclamé au contraire l'existence objective de la force à distance.

Sir William Thomson, Brillouin, Bjerknes ont supposé les espaces stellaires pleins d'un liquide continu. Lord Kelvin (ex sir William Thomson) a admis ensuite qu'ils étaient pleins d'un solide continu.

N'est-il pas vrai, pourtant, que toute matière est essentiellement discontinue, que ses molécules ne viennent jamais au contact géométrique les unes des autres et qu'elles en sont empêchées par des forces qui s'exercent entre elles à petite distance ?

Si on l'admet, pourquoi nier l'existence des forces à grande distance ?

Descartes attribuait la gravitation aux mouvements tourbillonnaires d'un fluide continu et incompressible, remplissant tout l'espace et assimilable à l'éther des théories actuelles.

Georges Lesage (1724-1803), qui est aussi un négateur de la force, croit que le mouvement d'une partie de matière provient toujours de celui d'une autre partie de matière ou de corpuscules *ultramondains* en contact immédiat avec la matière mise en mouvement. Il admet qu'une molécule unique est en équilibre sous l'action des chocs des corpuscules ultramondains qui l'entourent, et que si deux molécules sont en présence, chacune d'elles reçoit moins de chocs

---

(¹) *Philosophiæ naturalis theoria, reducta ad unicam legem virium in natura existentium.*

(²) *Metaphysische Anfangsgründe der Naturwissenschaft.*

(³) *La Cinétique moderne et le dynamisme de l'avenir.*

Dans son discours du 10 janvier 1919, le président de la Société des Ingénieurs civils de France, notre camarade et ami Herdner, s'est respectueusement incliné devant la mémoire de Hirn.

dans la direction qui les joint et semble attirée vers l'autre.

Le P. SECCHI (1818-1878) ne reconnaît comme causes de mouvement que Dieu, ou un autre pur esprit, ou le mouvement antérieur d'une autre partie de matière, et il explique l'attraction réciproque de deux molécules de matière par la variation de densité de l'éther autour d'elles, produite par leur double mouvement de translation et de rotation.

Le P. LERAY a imaginé en 1869 un fluide primordial, l'éon au sein duquel seraient plongées les particules d'éther et qui servirait à la transmission des forces qui s'exercent entre elles.

C.-A. BJERKNES est ramené à l'hypothèse de la transmission dans un milieu continu, par ses expériences sur des sphères pulsantes immergées dans un liquide, publiées de 1877 à 1881 dans les *Comptes rendus de l'Académie des Sciences*.

Au préjugé ci-dessus rappelé,

Corpora non agunt ubi non sunt,

nous avons opposé et nous opposons énergiquement le principe contraire,

Omnia ubique semper agunt,

et nous affirmons, avec nos maîtres R.-J. BOSCOVICH, KANT et G.-A. HIRN, que la force se transmet à distance instantanément... ou à très peu près ([1]).

Le vieux principe a pour lui l'autorité du sens commun, mais, comme dit HORACE,

« *Interdum vulgus rectum videt, est ubi peccat.* »

L'abbé MOREUX dit ([2]) que l'*entité force n'a rien de plus mystérieux que la substance, autre entité nécessaire. Il est vrai qu'il ajoute que personne ne songe plus à l'action à distance.*

([1]) Nous ne nous prononçons pas sur cette très grave question : la transmission de la gravitation est-elle *absolument* instantanée ?

([2]) *Que deviendrons-nous après la mort ?*

Quoi qu'il en dise, nous l'affirmons encore et nous constatons que l'action à distance n'est pas plus incompréhensible que la théorie des chocs admise par le moyen âge.

Nous allons passer en revue les principales forces qui se signalent dans l'univers.

A leur base se trouvent celles qui s'exercent entre deux particules d'éther en mouvement.

Admettant à tort qu'elles obéissent à la loi de l'égalité de l'action et de la réaction, WEBER a donné en 1846, pour les mesurer, une formule un peu compliquée (¹), dans laquelle figurent la vitesse *a* de la lumière, la distance *r* des deux particules, sa dérivée par rapport au temps et sa dérivée seconde par rapport au temps. Nous la croyons erronée et nous admettons que les forces qui s'exercent entre deux particules d'éther en mouvement sont égales, parallèles et de sens contraire, mais *non situées sur la droite qui les joint*.

Dans une magistrale analyse (²), CLAUSIUS a donné les formules probables de leur valeur (³).

(¹)
$$F = \frac{K\,mm'}{r^2}\left[1 + \frac{2r}{a^2}\frac{d^2r}{dt^2} - \frac{1}{a^2}\left(\frac{dr}{dt}\right)^2\right].$$

(²) *Sur la déduction d'un nouveau principe d'électrodynamique* (*Journal de Mathématiques pures et appliquées*, 1878).

(³) Une quantité d'éther de masse *e*, placée en un point ayant pour coordonnées x, y, z, animée d'une vitesse v, exerce sur une quantité d'éther de masse *e'*, placée à une distance r en x', y', z', et animée d'une vitesse v', inclinée de θ sur v, une force qui a pour composante suivant l'axe des x

$$X = fee'\left[\frac{x-x'}{r^3}(1 - Kvv'\cos\theta) + K\frac{d}{dt}\left(\frac{1}{r}\frac{d(x-x')}{dt}\right)\right].$$

et pour composantes suivant les axes des y et des z des forces analogues, f et K étant deux constantes.

Pardon, cher lecteur, pour cette formule un peu compliquée.

Nous avons hésité avant de la citer, mais elle a une importance primordiale et capitale.

Elle expliquera un jour, si nos espoirs se réalisent, toutes les lois de

Il en résulte les lois suivantes, que l'expérience vérifie :

Deux courants parallèles et de même sens, perpendiculaires à la droite qui joint leurs milieux, s'attirent.

Deux courants qui se rencontrent s'attirent s'ils s'approchent ou s'éloignent simultanément du sommet de l'angle qu'ils forment.

Deux courants dirigés suivant la même droite, ayant la même intensité et des sens contraires, sont l'un attiré et l'autre repoussé par un même autre courant, et les deux forces mises en jeu sont égales en valeur absolue.

Il résulte de ces deux dernières lois que deux parties consécutives d'un même courant rectiligne se repoussent.

L'action d'un courant sinueux, s'écartant peu d'une ligne droite, sur un autre courant, est égale à celle d'un courant de même intensité qui suivrait une droite joignant ses extrémités.

Le pôle austral d'un aimant exerce sur un élément de courant une force appliquée au milieu de l'élément de courant, perpendiculaire au plan formé par le pôle d'aimant et par l'élément de courant et dirigée vers la droite d'un observateur placé sur l'élément de courant, de telle sorte que le courant lui entre par les pieds et sorte de lui par la tête.

L'élément de courant exerce sur le pôle austral de l'aimant une force appliquée audit pôle, parallèle, égale et de sens contraire à la force exercée par le pôle austral de l'aimant sur l'élément de courant.

---

l'électricité, du magnétisme et de l'optique, la stabilité des vortices d'éther constituant les atomes, leurs atomicités diverses, les lois de la cristallographie et de la résistance des matériaux solides, toutes les propriétés physiques des diverses sortes de matière, l'action d'une lame mince cristalline sur un faisceau conique de lumière blanche, l'affinité de certains atomes les uns pour les autres, l'attraction universelle....

Comme nous le disons au Chapitre XXI, tirer ces déductions sera la tâche des savants de l'avenir.

Ces deux paragraphes restent vrais si l'on remplace simultanément le m t *austral* par *boréal* et le mot *droite* par *gauche*.

Un aimant tend à se placer perpendiculairement à un courant rectiligne indéfini, et le pôle austral à la gauche d'un observateur placé dans le courant de telle sorte qu'il lui entre par les pieds et sorte de lui par la tête.

Deux pôles d'aimant de même nom se repoussent.

Deux pôles d'aimant de noms contraires s'attirent.

Le pôle austral d'un aimant est attiré vers le nord de la terre et s'appelle aussi pour cela *pôle nord*.

Le pôle boréal d'un aimant est attiré vers le sud de la terre et s'appelle aussi pour cela *pôle sud*.

Ces appellations sont plutôt fâcheuses.

En présence de la terre, un aimant tend à prendre une direction sensiblement Nord-Sud.

En présence d'un autre aimant, un aimant tend à appliquer ses pôles contre ceux de noms contraires dudit autre aimant.

Dans les mêmes conditions, un dia-aimant tend à prendre une direction sensiblement Est-Ouest ou à se diriger perpendiculairement à la ligne des pôles de l'autre aimant.

Que l'on adopte la formule de WEBER ou celle de CLAUSIUS, la force qui s'exerce entre deux particules d'éther se réduit, si elles sont au repos, à une répulsion dirigée suivant la droite qui les joint et inversement proportionnelle au carré de la distance.

C'est cette répulsion qui répartit à peu près uniformément l'éther dans l'espace.

Deux corps électrisés positivement se repoussent proportionnellement à leurs charges et inversement au carré de la distance; deux corps électrisés négativement se repoussent proportionnellement à leurs charges et inversement au carré de la distance; deux corps électrisés positivement et négativement s'attirent proportionnellement à leurs charges et inversement au carré de la distance. Ces lois ont été trouvées expérimentalement par COULOMB en 1787.

Comme l'ont montré von Helmholtz (¹) en 1858, sir W. Thomson (²) en 1867, Brillouin (³) en 1891 et H. Poincaré (⁴) en 1893, les forces qui s'exercent entre les parcelles d'un même tourbillon ou vortex assurent en général la permanence dudit vortex.

Pour une raison que nous ignorons, sont permanents et seuls permanents des vortices d'éther ayant une centaine de masses déterminées. Ce sont les atomes des corps simples.

Comme nous l'avons dit au Chapitre IV, ils ont plus ou moins d'atomicités, c'est-à-dire de facultés d'union avec d'autres atomes.

Assimilons, sans en avoir d'ailleurs le droit, un vortex d'éther à un solide parfait, tel que la mécanique les imagine. Les actions d'une particule d'éther étrangère sur les diverses particules d'éther du vortex se combinent suivant les lois de la mécanique et équivalent à un couple et à une force qui passe par le centre de gravité du vortex ou de l'atome.

Les atomes se classent en deux catégories :

Ceux qui sont électropositifs, l'hydrogène, le potassium, le calcium, etc., attirent les particules d'éther étrangères à petite distance et existent à l'état libre dans un courant électrique sous le nom de *cathions*, entourés d'une zone d'éther condensé.

Ceux qui sont électronégatifs, l'oxygène, le chlore, etc., repoussent les particules d'éther étrangères à petite distance et existent à l'état libre dans un courant électrique sous le nom d'*anions*, entourés d'une zone d'éther raréfié.

Dans un courant électrique, les ions positifs, ou cathions, se rendent au pôle négatif ou cathode et les ions négatifs, ou anions, au pôle positif ou anode.

Les forces et les couples qu'exercent sur un atome de

(¹) *Ueber Integrale der hydrodynamischen Gleichungen, welche den Wirbelbewegungen entsprechen (Journal de Borchardt).*

(²) *On vortex motion (Transactions of the royal society of Edinburgh).*

(³) *Recherches récentes sur diverses questions d'hydrodynamique.*

(⁴) *Théorie des Tourbillons.*

matière les diverses particules d'éther constituant un autre atome équivalent à un couple et à une force passant par le centre de gravité de l'atome agi, mais non de l'atome agissant.

Cette force et ce couple sont mesurés par le produit des masses des atomes par des fonctions compliquées de la distance des centres de gravité, de la nature des atomes et des mouvements de translation et de rotation dont ils sont animés. Trouver ces fonctions est un des plus graves problèmes que doive se poser la science.

Dire que cette force et ce couple dépendent de l'affinité réciproque des deux atomes n'ajoute rien à nos connaissances.

L'affinité l'un pour l'autre de deux atomes déterminés dépend de leurs vitesses, c'est-à-dire de leurs températures.

L'affinité de deux atomes identiques l'un pour l'autre est généralement moindre que celle de deux atomes différents. Cependant, comme le disait WURTZ, « *l'affinité du carbone pour le carbone est grande, et s'il en était autrement la chimie organique n'existerait pas* ».

La plupart des combinaisons sont exothermiques et la plupart des décompositions sont endothermiques. A très haute température, c'est généralement l'inverse qui a lieu, comme H. SAINTE-CLAIRE DEVILLE l'a montré dans ses études sur la dissociation.

Les anions ont généralement une grande affinité chimique pour les cathions et inversement.

A titre de première et grossière approximation, nous avons proposé, d'après BOSCOVICH, d'admettre que deux atomes exercent seulement l'un sur l'autre des forces dirigées suivant la droite qui joint leurs centres de gravité et qui comprennent un terme attractif proportionnel aux masses, et inversement proportionnel au carré de la distance et un terme répulsif proportionnel aux masses et inversement à une puissance paire (supérieure à 2) de la distance ([1]).

([1]) Sous le prétexte que la pression d'un gaz est en raison inverse de son volume et par conséquent en raison inverse du cube des distances

Nous ne savons pas encore évaluer, même approximativement, les dimensions minuscules du vortex constitutif d'une molécule.

A très petite distance, l'action réciproque de deux molécules est répulsive et il en résulte l'impénétrabilité de la matière.

A environ deux décimillimicrons ($0^{\mu\mu},2$) ([1]), cette action est nulle.

A une distance plus grande, elle est attractive.

A partir d'environ un millimicron ($1^{\mu\mu}$), elle est négligeable. On appelle sphère d'activité d'une molécule une sphère décrite autour de son centre de gravité comme centre avec un rayon d'environ un millimicron ($1^{\mu\mu}$). Nous ne nous dissimulons pas combien cette définition est vague.

A environ deux millimicrons ($2^{\mu\mu}$) ([2]), deux molécules sont *a fortiori* sensiblement sans action l'une sur l'autre et leurs mouvements sont sensiblement rectilignes.

A très grande distance, la répulsion disparaît devant l'at-

---

intermoléculaires, BOUCHER admet que la force qui s'exerce entre les molécules est inversement proportionnelle au cube de la distance.

Il est confirmé dans cette opinion par un article de JOUAUST dans la *Lumière électrique* du 25 septembre 1915 sur l'état actuel des théories relatives au magnétisme. Cet article relate les expériences de PERRIER et de KAMERLING sur l'oxygène liquide.

BOUCHER nous a dit qu'il croyait trouver dans l'existence de la force $\dfrac{K}{d^3}$ une nouvelle preuve de l'existence objective de la quatrième dimension de l'espace (*voir* Chap. I).

Son raisonnement nous paraît n'être rien de plus qu'un ingénieux sophisme.

La pression d'un gaz ne dépend pas des actions exercées entre ses molécules; elle résulte des actions exercées entre les molécules du gaz et celles de la paroi.

([1]) Distance approximative de deux molécules voisines d'un solide ou d'un liquide (*voir* Chap. IV).

([2]) Distance approximative de deux molécules voisines d'un gaz à la pression atmosphérique (*voir* Chap. IV).

traction beaucoup plus forte qu'elle et pourtant extrêmement faible, et l'attraction réciproque de deux molécules est mesurée par la formule $\dfrac{67\,mm'}{10^9\,D^2}$ dynes, m et m' étant les masses des molécules exprimées en grammes et D leur distance en centimètres.

Cette force s'appelle tantôt la *pesanteur*, tantôt l'*attraction universelle*, et NEWTON a eu l'immortel honneur d'assimiler entre elles ces deux forces.

Dans *les sciences expérimentales* et dans *l'atmosphère terrestre et la circulation aérienne*, nous avons appliqué la connaissance des forces qui s'exercent entre les molécules à l'étude de la constitution des corps solides, liquides et gazeux.

Nous avons tracé les courbes que décrivent les centres de gravité de deux molécules en passant réciproquement dans leur sphère d'activité. Chacune d'elles décrit une branche d'hyperbole avec un rentrant près du sommet. Nous avons énoncé et démontré le théorème suivant :

« Quand les vitesses de deux molécules de masse m les font entrer dans leur sphère d'activité réciproque, leur centre de gravité continue à se mouvoir en ligne droite uniformément, et le mouvement de chaque molécule par rapport à des axes de direction constante passant par le centre de gravité a lieu, à peu près suivant une branche d'hyperbole. Si la vitesse relative initiale d'une des molécules a la grandeur v et est située à une distance d du centre de gravité, sa vitesse relative finale aura la grandeur v et sera située à la distance d du centre de gravité ; les vitesses relatives initiale et finale seront dans un même plan avec le centre de gravité, et leur angle aura approximativement pour cosinus

$$\frac{a^2 m^2 - v^4 d^2}{a^2 m^2 + v^4 d^2},$$

a étant une constante. »

Nous avons calculé la résultante mécanique des actions

exercées par les molécules d'un corps solide sur une molécule extérieure. C'est une force normale à la surface du corps solide, fonction de la distance, négligeable quand la distance est grande, attractive quand elle est petite et répulsive quand elle est très petite.

Nous avons tracé la courbe décrite par le centre de gravité de la molécule extérieure. C'est une branche d'hyperbole avec une bosse près du sommet. Elle a un axe de symétrie normal à la surface du solide.

Au lieu de modifier, comme l'a proposé Boscovich, la formule newtonienne de l'attraction de deux molécules par l'adjonction d'un terme répulsif, divers savants ont prôné d'autres modifications à cette formule.

Quelques-uns ont voulu remplacer l'exposant 2 par 2,000 000 16.

Tisserand a présenté une formule analogue à celle de Weber dont nous avons parlé à la page 34.

Faye pense qu'il faut mettre dans la formule de l'attraction de deux molécules un facteur $1 - \dfrac{K^2}{\mu\mu'}$, K étant un très petit nombre constant et $\mu\mu'$ les masses spécifiques en grammes par centimètre cube des corps dont font partie les deux molécules. Il en résulte qu'entre le Soleil et une comète de masse spécifique très faible, l'attraction est amoindrie et quelquefois remplacée par une répulsion.

A petite distance, les forces exercées par une molécule sur une autre dépendent de leur direction par rapport à la molécule agissante. Ceci est le principe de la cristallographie.

Dans un solide cristallin,

les molécules d'un même cristal sont disposées dans l'espace parallèlement les unes aux autres,

leurs centres de gravité forment un réseau à mailles parallélépipédiques,

les faces de clivage et les faces extérieures du cristal sont très voisines de plans passant par de nombreux centres de gravité de molécules, et leurs directions présentent les unes par rapport aux autres les mêmes axes de symétrie que le parallélépipède élémentaire.

Un même corps, ayant des molécules toujours pareilles, présente les mêmes faces dans ses cristaux.

C'est pourquoi le sens de la vue rend de si grands services aux minéralogistes ([1]).

Certains corps, bons conducteurs de l'électricité, laissent passer librement au travers d'eux les particules d'éther; d'autres corps, mauvais conducteurs de l'électricité, opposent au passage des particules d'éther une notable résistance. A quoi tient cette propriété ?

En présence de toutes ces forces, dans lesquelles la plupart des savants modernes ne voient que de pures illusions, nous devons conclure que le vieux préjugé du moyen âge est encore bien ancré dans leur cerveau.

Sans doute, nous ne prétendons pas que ce chapitre nous satisfasse pleinement, et nous énoncerons au Chapitre XIX de nombreux problèmes qui se posent aux savants en ce qui concerne la force.

Mais, pour nous,

l'existence objective des forces à distance est indubitable,

quoi qu'en dise l'abbé MOREUX.

La question de la force a été magistralement traitée en 1918 par notre camarade et ami LÉON LECORNU, professeur à l'Ecole Polytechnique ([2]).

Il ne partage pas le mépris absolu d'HENRI POINCARÉ pour le sens commun... qui n'est rien de mieux, nous ne saurions trop le répéter, que l'opinion d'une majorité de faibles d'esprit.

([1]) Ils doivent tenir compte du polymorphisme de certains corps et de l'isomorphisme entre eux de certains corps différents.

([2]) *La mécanique, les idées et les faits.*

Il admet comme des faits de sens commun la réalité objective de la matière, de l'espace uniforme à trois dimensions
et du temps. Il considère une longueur et une durée comme
des choses parfaitement définies. D'accord avec lui, nous
regardons le centimètre, la seconde et même le gramme
(masse) comme des grandeurs parfaitement constantes,
l'espace, le temps et la matière comme des idées premières
très difficiles à définir.

Il expose successivement l'histoire et la philosophie de
toutes les parties de la mécanique et il y applique l'esprit
de finesse et l'esprit géométrique, dont il est également doué
de merveilleuse façon.

La lecture de son livre constituerait pour un jeune élève
une excellente introduction à l'étude de la mécanique. Certes,
il ne comprendrait pas tout, mais il se garantirait ainsi contre
beaucoup d'idées fausses.

Cette lecture est également recommandable à tout industriel ou législateur, à qui elle donnerait des renseignements
précieux sur l'utilisation par l'humanité des divers moteurs
mis à sa disposition par la nature ou par la Divinité.

Lecornu évalue à environ 5o siècles le temps pendant lequel l'humanité pourra encore utiliser ses réserves de combustibles minéraux, à part le pétrole.

Il termine par des hypothèses très hardies sur l'avenir de
la mécanique. Il cite même l'opinion de Boutroux, contraire
au sens commun, d'après laquelle, au lieu d'être permanentes,
les lois scientifiques seraient fonctions du temps. Ces lois
se montrent à nous permanentes pendant quelques milliers
d'années. Avons-nous ou n'avons-nous pas le droit d'en
conclure par extrapolation qu'elles le sont pendant des millions, pendant des milliards d'années ?

Relativement au mode de propagation de la gravitation,
Lecornu ne se prononce pas formellement. D'accord avec
le sens commun, il adopte le vieux principe :

Corpora non agunt ubi non sunt

que nous croyons devoir combattre, mais il ne choisit pas entre les diverses théories que nous résumons ci-dessus pour le mode de propagation de proche en proche de la gravitation.

Il cite même une théorie d'EINSTEIN, d'après laquelle l'espace cesserait d'être exactement euclidien sous l'action du champ de forces créé par la présence de masses attirantes et prendrait une constitution en rapport avec l'existence des masses qui le sillonnent.

Au lecteur de choisir à ce sujet entre l'opinion de notre éminent camarade et la nôtre sur la question fondamentale de l'existence objective des forces à distance.

Contre LECORNU, contre l'abbé MOREUX, contre le sens commun, nous nous permettons de soutenir l'opinion de Boscovich, de KANT et de HIRN.

A propos de l'évolution de la matière et de la force, le docteur G. LE BON a développé les dix conclusions suivantes :

« 1. *La matière, supposée jadis indestructible, s'évanouit lentement par la dissociation continuelle des atomes qui la composent.*

» 2. *Les produits de la dématérialisation de la matière constituent des substances intermédiaires par leurs propriétés entre les corps pondérables et l'éther impondérable, c'est-à-dire entre deux mondes que la science avait profondément séparés jusqu'ici.*

» 3. *La matière, jadis envisagée comme inerte et ne pouvant restituer que l'énergie qu'on lui a d'abord fournie, est, au contraire, un colossal réservoir d'énergie, l'énergie intra-atomique qu'elle peut spontanément dépenser.*

» 4. *C'est de l'énergie intraatomique libérée pendant la dissociation de la matière que résultent la plupart des forces de l'univers, l'électricité et la chaleur solaire notamment.*

» 5. *La force et la matière sont deux formes diverses d'une même chose. La matière représente une forme stable de l'énergie* intraatomique. La chaleur, la lumière, l'électricité, etc. représentent des formes instables de la même énergie.

» 6. Dissocier les atomes, ou, en d'autres termes, dématérialiser la matière, c'est simplement transformer la forme stable d'énergie condensée nommée matière en ces formes instables connues sous les noms d'ÉLECTRICITÉ, de LUMIÈRE, de CHALEUR, etc.

» 7. La matière ordinaire peut donc être transformée en ces formes diverses d'énergie, mais ce n'est sans doute qu'à l'origine des choses que l'énergie a pu être condensée sous forme de matière.

» 8. Les équilibres des forces colossales condensées dans les atomes leur donnent une stabilité très grande. Il suffit pourtant de troubler ces équilibres par un réactif approprié pour que la désagrégation des atomes commence. C'est ainsi que certains rayons lumineux peuvent dissocier facilement les parties superficielles d'un corps quelconque.

» 9. La lumière, l'électricité et la plupart des forces connues résultent de la dématérialisation de la matière; il s'ensuit qu'un corps qui rayonne perd par le fait seul du rayonnement une partie de sa masse; s'il pouvait rayonner toute sa masse, il s'évanouirait entièrement dans l'éther.

» 10. La loi d'évolution applicable aux êtres vivants l'est également aux corps simples. Les espèces chimiques, pas plus que les espèces vivantes, ne sont immuables. »

Le Dr G. Le Bon ajoute même :

« L'énergie n'est pas indestructible; elle s'use sans cesse et tend à s'évanouir, comme la matière, qui représente une de ses formes. »

Effectivement, la loi de rétrogradation de l'énergie, instaurée par Sadi Carnot et par Clausius, a été énoncée ainsi par J. Becquerel : « La chaleur ne passe jamais d'elle-même d'un corps froid sur un corps chaud; on ne peut pas produire de travail avec une seule source de chaleur; l'énergie utilisable *d'un système isolé diminue constamment..., l'énergie de l'univers est constante, mais elle se dégrade, les sources du mouvement s'affaiblissent peu à peu et la mort de la chaleur finira par régner partout.* » Il montre d'ailleurs que cette loi n'est pas universelle et absolue (*voir* p. 12-15).

Les lois du D⁏ G. Le Bon sont, au moins, partiellement exactes et méritent d'être longuement méditées. Il donne à l'appui de ses dires des nouveautés très intéressantes, concernant la matière et la force, et des expériences personnelles très curieuses.

Il conclut très judicieusement :

« *La science descend un peu plus chaque jour dans les gouffres mystérieux où se cachent les derniers éléments des choses, mais notre sonde est encore trop courte pour l'immensité de tels abîmes.* »

CHAPITRE VI.

L'AME.

OPINIONS DE PELLISSIER, DE BÉNARD, DE BERGSON, DE BOHN, DE
J. REYNAUD, DE H. RENAUD, DE S. M. VICTORIA, DU P. GRATRY,
DE V. GIRARD, DE L. FIGUIER, DE COSTE, DE L. ELBÉ, DE
L'ABBÉ MOREUX, D'A. BINET, DE DASTRE ET DE LE DANTEC.

Une cellule vivante est constituée par un noyau solide,
un protoplasma liquide et une enveloppe solide.

Elle se nourrit par les apports extérieurs. Une cellule
végétale forme de la cellulose aux dépens de l'acide carbonique et de la vapeur d'eau extérieure : réaction endothermique. Une cellule animale absorbe de l'eau et des corps dissous.

La cellule se brûle aux dépens de l'oxygène extérieur :
réaction exothermique.

La cellule reçoit des ergs fournis par le rayonnement solaire.

Au total, une cellule animale a généralement, et une cellule
végétale exceptionnellement, des ergs disponibles.

Habituellement, conformément au principe *Omne vivum
ex vivo*, une cellule se forme par dédoublement d'une cellule
antérieure ou par fusion entre deux cellules vivantes, noyau
à noyau, protoplasma à protoplasma, enveloppe à enveloppe.

Nous réservons pour le Chapitre XII la question très délicate de la première apparition de la vie sur la Terre.

*Nous sommes convaincu de l'existence objective et de la
spiritualité des âmes, de même que nous croyons, comme*

nous l'avons dit dans le précédent Chapitre, à l'existence objective de la force.

Les spiritualistes admettent l'existence de l'âme humaine, c'est-à-dire d'un élément immatériel, faisant partie de chaque homme, doué de sensibilité, d'intelligence et de volonté, ayant une puissance limitée pour faire le bien ou le mal.

DESCARTES a démontré l'existence de l'âme humaine par la phrase célèbre : « *Je pense, donc je suis.* »

Lui et la majorité des spiritualistes n'accordent une âme qu'aux seuls êtres humains.

HIRN et son école admettent au contraire que tout homme, tout animal ou même tout végétal possède une âme ou force vitale, qui tend à sa conservation et à celle de l'espèce, qui dispose dans ce double but d'une certaine quantité de travail positif, qui perçoit les mouvements de la matière et de l'éther qui l'environnent, qui se souvient de ses sensations passées et qui détermine par son intelligence les actes de sa volonté. Les élèves de HIRN admettent, en somme, que l'univers est constitué par de l'éther, des forces et des âmes, et quelques-uns d'entre eux, qui se rapprochent un peu du matérialisme, affirment que les forces et les âmes procèdent de l'éther, d'une façon d'ailleurs assez mal définie.

La plupart des spiritualistes admettent qu'une âme quelconque est immortelle, et quelques-uns d'entre eux ajoutent qu'elle a été créée en même temps que l'univers matériel.

Les partisans de la *métempsycose* admettent qu'une même âme peut animer successivement des corps différents, mais que, dans chacune de ses existences, elle ne se souvient pas de ses existences antérieures.

Il est incontestable qu'une âme a besoin pour *vivre*, dans le sens propre du mot, d'un corps entre les diverses parties duquel s'exercent des forces, dont elle applique le travail positif à ce corps et aux objets environnants. Quelques spiritualistes en concluent qu'une âme quelconque naît et meurt en même temps que l'individu qui la possède et que cette faculté de naître, de croître, et de mourir, après avoir vécu pendant un temps plus ou moins court, est précisément sa propriété caractéristique.

Les matérialistes nient complètement l'existence de l'âme et affirment que les hommes, les animaux et les végétaux sont exclusivement composés par de la matière en mouvement. Ils considèrent la pensée :

comme une fonction du cerveau [1],
comme une sécrétion du cerveau [2],
comme une matière sécrétée par le cerveau [3],
comme un mouvement de la matière [4],
comme une transformation de ce mouvement [5],
ou comme une condensation de ce mouvement [6],
mais il leur est impossible de vérifier expérimentalement l'exactitude de l'une quelconque de ces assertions.

Le professeur HAECKEL, d'Iéna, s'est fait le champion du monisme matérialiste.

Sir OLIVER LODGE, recteur de l'université de Birmingham, a publié *La vie et la matière*. Ce livre a été traduit en français par le Dr J. MAXWELL, substitut du Procureur général près la Cour d'appel de Paris. Une seconde édition a paru en 1909.

Il critique le monisme matérialiste et il expose le rôle de la vie dans l'univers matériel.

Nous regardons avec lui l'existence des âmes immatérielles comme incontestable.

En biologie, la plupart des spiritualistes sont créatistes, quelques spiritualistes et tous les matérialistes sont transformistes.

---

[1] BUCHNER.
[2] CARL VOGT.
[3] CABANIS.
[4] MOLESCHOTT.
[5] HERBERT SPENCER.
[6] PAUL DE LILIENTHAL.

La vie végétale peut se réveiller après un sommeil de plusieurs années ou même de plusieurs siècles. Elle peut continuer dans un morceau détaché d'un végétal avec lequel on peut parfois reproduire un végétal entier analogue.

Les animaux inférieurs jouissent d'une propriété analogue.

On sait que chaque fragment d'une naïs (sorte de ver d'eau douce) découpée en 40 morceaux reproduit une annélide complète.

Certains animaux sont visiblement formés de colonies d'animaux élémentaires. Les animaux élémentaires d'une même colonie peuvent être identiques entre eux, ou bien ils peuvent être différents et avoir des fonctions distinctes.

De Lacaze-Duthiers a fait à ce sujet, en 1888, à l'Association française pour l'avancement des Sciences, sur *le monde de la mer et ses laboratoires*, une très remarquable conférence.

Toute cellule a une âme douée de sensibilité, d'intelligence, de mémoire et de volonté, facultés décrites dans tous les Traités de Psychologie, et utilise *à son gré*, quand il y en a, les ergs disponibles pour se déplacer elle-même ou pour déplacer les corps voisins.

Tout végétal ou tout animal est formé par l'agglomération d'un groupe de cellules et possède une âme constituée par le syndicat des âmes des cellules élémentaires.

Les spiritualistes disent, avec Virgile,

> *Mens agitat molem;*

avec Descartes,

> *Je pense, donc je suis*

et avec Lafontaine,

> *Un esprit vit en nous et meut tous nos ressorts.*

Non seulement nous sommes convaincu comme eux que tout homme possède une âme immatérielle,

non seulement nous regardons comme une sinistre plaisanicrie le pamphlet publié par Acidalius au xvi⁰ siècle et contestant aux femmes le privilège d'avoir une âme,

mais encore nous accordons une âme

aux singes anthropomorphes, nos proches parents, comme nous essaierons de le démontrer dans le Chapitre XIII,

à tous les animaux,

et même aux végétaux, dont les moins parfaits diffèrent à peine des animaux rudimentaires.

En somme, nous croyons pouvoir formuler sur l'âme les cinq hypothèses suivantes que tous les matérialistes et beaucoup de spiritualistes jugeront plus ou moins subversives :

I. Toute cellule vivante a une âme immatérielle, une force vitale ou un principe psychique qui dispose à son gré d'une certaine quantité de travail.

II. Tout être vivant, végétal, animal ou humain, peut être assimilé à une société coopérative, à un syndicat de cellules accolées entre elles.

III. Il a une âme qui est en quelque sorte la résultante, la synthèse ou le syndicat de celles de ses cellules.

IV. Cette âme est multiple et variable depuis la conception de l'être jusqu'à sa mort.

V. La volonté d'un homme reste complètement ou sensiblement étrangère aux mouvements de la vie organique, auxquels préside le grand sympathique, aux mouvements réflexes, aux mouvements instinctifs, aux mouvements suggérés par autrui.

Ces hypothèses éclairent d'un jour particulier ce mot célèbre, attribué à Turenne à la veille d'une bataille : *« Tu trembles, vieille carcasse, mais tu tremblerais bien plus si tu savais où je veux te mener demain. »*

Elles nous paraissent également confirmées par l'observation suivante, que nous avons eu l'occasion de faire il y a une vingtaine d'années sur nous-même.

Nous nous étions fracturé le col du fémur droit. Quelques mois après, nous étions en pleine convalescence, mais notre jambe droite était seulement capable de porter un peu plus de la moitié du poids de notre corps. Nous pouvions nous tenir debout sans béquilles, et même rapprocher un peu plus notre centre de gravité de notre pied droit que de notre pied gauche. Nous avancions librement la jambe droite.

En ce qui concerne la jambe gauche,

1º avec deux béquilles, nous l'avancions librement,

2º avec une béquille, sous l'aisselle droite, nous l'avancions seulement à la triple condition de la soulever peu de terre, de l'avancer à faible distance et de faire ce mouvement avec rapidité,

3º sans béquille, il nous était matériellement impossible de faire quitter la terre à notre pied gauche; nous pouvions seulement plier les jarrets, soulever de terre le talon ou la pointe et pivoter autour de la pointe ou du talon.

Nous donnons de ces phénomènes l'interprétation suivante : pendant plusieurs mois, l'âme de notre jambe gauche, l'ensemble des âmes des cellules de notre jambe gauche, ou la fraction de notre âme qui s'applique à notre jambe gauche (ces mots sont pour nous synonymes), s'est rendu compte de l'impossibilité où était notre jambe droite de porter la totalité du poids de notre corps et a résisté à notre âme quand celle-ci ordonnait à notre jambe gauche de quitter le sol et de se porter en avant, à moins que des soutiens étrangers ne fussent là pour soulager notre jambe droite pendant qu'elle était surchargée.

Pardon, cher lecteur, de vous avoir parlé de nous-même comme nous venons de le faire, mais cette observation personnelle nous encourage à conclure à la complexité et à la variabilité du moi. Les nombreuses personnes qui ont l'impression de son unité et de sa permanence nous paraissent victimes d'une illusion.

J.-J. Rousseau a dit, dans *Emile* : « *Non, l'homme n'est point un; je veux et je ne veux pas; je me sens à la fois esclave et libre; je vois le bien, je l'aime et je fais le mal* (¹). »

Il adressait à la conscience cette magnifique apostrophe : « *Conscience, conscience, instinct divin, immortelle et céleste voix, guide assuré d'un être ignorant et borné, mais intelligent et libre* » et, il avait la conduite privée... qu'il a avouée dans ses *Confessions*.

Mirabeau donne un autre exemple célèbre du désaccord qui peut s'établir entre les pensées et les actes d'un même homme.

Bien rares sont les hommes qui suivent toute leur vie cet éloquent conseil du prédicateur civil qu'est Paul Bourget : « *Il faut vivre comme on pense, sinon, tôt ou tard, on finit par penser comme on a vécu* (²). »

La relation du corps à l'esprit (ou à l'âme) est un problème extrêmement difficile. H. Bergson a osé l'aborder en 1896 dans son livre *Matière et Mémoire* dont la 10ᵉ édition a paru en 1913.

Les idéalistes et les matérialistes le résolvent simplement en supprimant la matière ou l'âme. A notre humble avis, H. Bergson a le grand mérite d'adopter la théorie intermédiaire ou dualiste qui affirme la réalité de la matière et de l'esprit.

Il termine par la phrase suivante, que nous contresignons des deux mains : « *L'esprit emprunte à la matière les perceptions, d'où il tire sa nourriture, et les lui rend sous forme de mouvement, où il a imprimé sa liberté.* »

Cette phrase est exceptionnellement limpide, mais la philosophie d'H. Bergson est en général très délicate à saisir et à comprendre.

(¹) La même pensée avait été formulée ainsi par Ovide :

« *Video meliora proboque*
Deteriora sequor. »

(²) *Le démon de midi.*

Gillouin a publié sur elle, en 1911, un intéressant volume.

Il montre comment cette philosophie s'est superposée au criticisme de Kant, au positivisme de Comte, à l'empirisme idéaliste de Taine, au scepticisme de Renan et à l'agnosticisme de Spencer, et il expose le succès énorme qu'elle a obtenu.

Gillouin montre comment, dans l'*Evolution créatrice*, H. Bergson a exposé la genèse des végétaux, des animaux et des hommes.

Il voit dans la philosophie bergsonienne « *la matrice de toute philosophie future* ».

Résumons-nous et concluons :

L'âme d'une cellule nous paraît libre dans l'emploi des ergs reçus ou produits par la cellule, sauf l'action hypnotique des cellules voisines, sur lesquelles elle exerce réciproquement une action hypnotique.

Beaucoup de biologistes nient ces conclusions.

Descartes et Malebranche ont regardé les animaux comme de purs automates.

Le Dr G. Bohn, admirateur et continuateur de Lamarck, de Loeb, de Giard, a écrit en 1909 « *La naissance de l'intelligence* ».

Pour lui, la psychologie est la science des fonctions du cerveau, et les mouvements des animaux sont *déterminés* rigoureusement :

1° par les tropismes ou attractions,

2° par la sensibilité différentielle, quand la force d'attraction varie,

3° par les phénomènes associatifs de plusieurs forces d'attraction.

Parmi les éléments des associations sensorielles, G. Bohn attribue une grande valeur aux sensations visuelles et au développement des centres nerveux des vertébrés, véritables appareils enregistreurs.

Pour lui, l'intelligence est née quand les animaux ont pu former des associations très complexes.

Il rapproche l'instinct et la volonté des forces surnaturelles invoquées par les théologiens.

Au lecteur de choisir entre l'hypothèse matérialiste et déterministe de G. Bohn et notre hypothèse spiritualiste et libertaire. A notre humble avis, le déterminisme de Bohn s'applique aux molécules d'un cristal en formation, mais non aux cellules vivantes.

Nous allons maintenant examiner la grave question suivante :

Après notre mort, les âmes de nos cellules survivent-elles réunies ou séparées ?

Évidemment la morale désire ardemment l'existence d'une seconde vie, pendant laquelle de grands criminels, NÉRON, ATTILA, GENGIS-KHAN, TAMERLAN, GUILLAUME II, etc., et de moindres coupables, MESSALINE, CARTOUCHE, TROPPMANN, BONNOT, etc., paieraient une rançon proportionnelle à l'étendue de leurs fautes, tandis que des bienfaiteurs de l'humanité, ZÉNON, CLÉANTHE, CHRYSIPPE, fondateurs du stoïcisme; SOCRATE, PLATON, JÉSUS-CHRIST (s'il ne fut qu'un homme), ÉPICTÈTE, MARC-AURÈLE ([1]), Saint VINCENT

---

[1] Ce grand philosophe stoïcien, né en 121, adopté par ANTONIN auquel il succéda comme empereur romain en 161, mort en 180, eut à cœur le bien public et s'oublia dans l'accomplissement de ses devoirs envers le genre humain.

Malheureusement, il persécuta les chrétiens considérés comme rebelles à l'empire romain, sans se douter de l'étroite parenté intellectuelle qui l'unissait à ses victimes.

On a retrouvé de lui 70 lettres écrites, dans sa jeunesse à son maître FRONTON, et 12 livres de pensées formulées « *pour lui-même* » à la fin de sa vie. Le tout a été traduit en français, notamment par ALEXIS PIERRON en 1843, et contient d'intéressants documents sur la vie intime des Romains au IIe siècle et d'excellents conseils de morale.

DE PAUL, FRANKLIN, PASTEUR, seraient récompensés suivant leurs mérites..., mais reçoit-elle satisfaction ?

Nous retrouvons les preuves suivantes de l'immortalité de l'âme dans les notes de philosophie que nous avons rédigées il y a un demi-siècle, quand nous préparions notre baccalauréat sous la direction du professeur PELLISSIER.

« La destinée est le but pour lequel l'homme a été créé et qu'il doit poursuivre. Ce problème est l'application à l'homme de la question générale de la recherche des causes finales.

La méthode à suivre dans la recherche de notre destinée consiste à chercher d'abord par l'observation directe du sens intime quel est le but vers lequel tendent spontanément les penchants primitifs de notre nature.

Or, l'observation intime atteste que la sensibilité aspire au bonheur infini, l'intelligence à la science infinie, la volonté à la puissance infinie. Donc l'infini est le but proposé à l'activité humaine et les devoirs de l'homme peuvent se ramener à l'observation de ce précepte : tendre de toutes nos forces vers la perfection.

L'immortalité de l'âme est la persistance du principe pensant au delà de cette vie.

L'immortalité se prouve par deux sortes d'arguments, parce que le problème se divise en deux questions distinctes : 1° l'immortalité de la substance spirituelle; 2° l'immortalité de la personne.

L'immortalité de la substance se prouve par la définition même de la mort : la mort est la dissolution d'un composé. Or l'âme est simple puisqu'elle est spirituelle. Donc elle ne peut mourir.

L'immortalité de la personne est la persistance de l'âme avec le souvenir du passé et le sentiment de son mérite et de son démérite. Ce second problème est le complément nécessaire du premier, puisque la persistance de la substance sans souvenir et sans conscience morale ne pourrait suffire à notre raison. La preuve la plus simple de l'immortalité de la personne se tire de l'insuffisance des sanctions humaines de la loi morale. Toute sanction doit être proportionnée, c'est-à-dire le bien doit être récompensé suivant le mérite et le mal puni en proportion du démérite. Or, nulle des sanctions humaines n'est proportionnée. En effet, la conscience s'émousse par l'habitude du bien et du mal, l'opinion s'égare et ne juge que sur les apparences, la loi ne s'inquiète que des actes qui intéressent l'ordre social. Donc, il faut une sanction proportionnée au delà de cette vie. Mais il n'y a châtiment et récompense que pour un être ayant le sentiment de son mérite et de son démérite. Donc l'âme doit survivre au corps avec sa personnalité, c'est-à-dire avec le souvenir et la conscience. »

Dans son *Précis de Philosophie*, livre que nous lisions à l'époque où nous rédigions les susdites notes, BÉNARD tire des preuves de l'immortalité de l'âme,

de sa substance,

de ses facultés,

de la croyance universelle

et de l'idée de justice.

Nous voudrions pouvoir citer intégralement les 18 pages qu'il y consacre, mais nous recommandons instamment à nos lecteurs d'en prendre connaissance.

Voici, dans le texte ou en traduction, telles que nous les avons trouvées un peu partout, quelques pensées qui toutes affirment l'immortalité de l'âme.

CICÉRON : « *Mihi multo difficilior occurrit cogitatio multoque obscurior qualis anima in corpore sit tanquam alienæ domi quam qualis quum exierit.* »

CICÉRON : « *Natura inest mentibus nostris insatiabilis quædam cupiditas veri videndi.* »

CICÉRON : « *Heureux jour que celui où sortant du limon de la terre, je m'élèverai vers l'assemblée divine des esprits qui m'ont précédé.* »

CICÉRON : « *L'immortalité de l'âme est au fond des croyances de tous les peuples.* »

HORACE :

> « *Non omnis moriar, multaque pars mei*
> *Vitabit libitinam.* »

JUVÉNAL : « *Aestuat infelix angusto in limine mundi.* »

BOSSUET : « *N'ayant pas de parties* (1), *elle (l'âme) doit subsister éternellement dans son intégrité.* »

---

(1) Nous admettons, pour notre part, que l'âme humaine est multiple. Si nous sommes dans le vrai, cet argument, déjà cité plus haut, disparaît.

VOLTAIRE : « *Oui, Platon, tu dis vrai, notre âme est immortelle.* »

HERDER : « *C'est une contradiction de supposer que l'Être devienne le non-Être.* »

A. CHENIER : « *La mort ne détruit pas ce qui n'est pas matière.* »

GŒTHE : « *L'appel à la postérité naît d'un sentiment vif et pur de tous les peuples.* »

LAMARTINE :

> « *Esclave, il sent un cœur né pour la liberté.*
> *Malheureux, il aspire à la félicité.* »

VICTOR HUGO : « *Je sens que je suis immortel. Si d'autres n'ont pas le sentiment de leur immortalité, j'en suis fâché pour eux, mais c'est leur affaire.* »

DARBOY, archevêque de Paris, victime de la commune : « *Dieu s'absoudra du silence qu'il garde sur nos actes.* »

C. FLAMMARION : « *La vie se développe sans fin dans l'espace et dans le temps, elle est universelle et éternelle, elle emplit l'infini de ses accords et elle régnera à travers les siècles des siècles durant l'interminable éternité.* »

Nous allons maintenant passer en revue neuf ouvrages qui, se plaçant à des points de vue très divers, ont affirmé l'immortalité de l'âme humaine.

Dès 1854, JEAN REYNAUD ([1]) a publié son célèbre livre : « *Philosophie religieuse. Terre et ciel.* »

Cet ouvrage est établi en forme de controverse entre l'auteur et un chrétien, élève de SAINT-THOMAS et de BOSSUET.

([1]) Il vécut de 1806 à 1864. Astronome, géologue, physicien, chimiste, il fut surtout un croyant. Dans *Soixante ans de souvenirs*, E. LEGOUVÉ lui consacre quelques pages émues, qui font aimer l'homme, quoi qu'on pense du philosophe.

Il traite du Créateur, de la création, de l'homme, de la société, de nos devoirs et de nos droits, tous problèmes qui dureront sans solution autant que les souffrances humaines.

Après avoir cité ORIGÈNE, d'après qui les âmes, créées d'abord bienheureuses, ont été, après déchéance, condamnées à l'incarnation; TERTULLIEN, d'après qui les âmes se transmettent de père en fils par le sperme; Saint AUGUSTIN et Saint JÉROME, qui ont eu des doutes angoissants, et les théologiens, d'après qui Dieu crée les âmes quotidiennement et les infuse dans les fœtus prêts à l'animation, il conclut, avec l'antiquité orientale, avec certaines sectes de la Judée, avec beaucoup de philosophes grecs, avec les Druides, à la préexistence des âmes, éclairant leur immortalité.

Il affirme ensuite que « *notre âme, passant alternativement d'un séjour à un autre séjour, changeant de corps à chaque fois, et indéfiniment variable dans les apparences sous lesquelles elle se témoigne, poursuit, au rayonnement des soleils, de migration en migration et de métamorphose en métamorphose, le cours diversifié de son immortalité* ».

Il partage l'espoir (ou peut-être l'illusion ?) des chrétiens de retrouver dans la pleine lumière de l'immortalité les amis, les époux, les parents dont ils auront fait choix sur cette terre, pour une sainte et impérissable parenté, et de vivre inséparablement avec eux.

En ce qui concerne les anges, ce livre verse dans la religion. Il affirme l'existence d'une infinité d'anges plus ou moins parfaits. Il discute s'ils sont incorporels ou doués d'un corps ténu, aérien ou igné, et si, quand ils apparaissent aux hommes, ils affectent leurs sens ou leur imagination.

Combien le tout est vague, imprécis et étranger à la science... à laquelle aspirait pourtant notre auteur !

Il n'admet pas les peines éternelles de l'enfer chrétien, mais il affirme la punition des âmes coupables par des réincarnations soit sur terre, soit dans des régions analogues à la terre, soit dans des régions où la vie est encore plus pénible.

Il conclut avec le génie druidique :

« *Trois choses se renforcent de jour en jour, la tendance vers elles devenant toujours plus grande : l'amour, la science et la justice.*

» *Trois choses s'affaiblissent de jour en jour, l'opposition contre elles devenant toujours plus grande : la haine, l'ignorance et l'injustice.* »

Nous ne croyons pas qu'on ait jamais mieux défini le progrès humain.

En 1862, H. RENAUD a fait paraître *Destinée de l'homme dans les deux mondes.*

Il étudie d'abord la vie présente et critique la morale, prétendue chrétienne, de Saint PAUL, de CALVIN, de BOSSUET, de DE MONTALEMBERT et de Saint LABRE.

Il dit avec DE LAMENNAIS : « *Nous serons, notre être véritable survivra aux organes auxquels il est présentement lié, un invincible instinct nous l'apprend, mais ne nous apprend que cela.* »

Entrant dans le domaine de l'hypothèse, il affirme l'existence d'un monde en dehors du monde visible. Il considère que la seconde vie est possible dans le monde invisible, dans le monde visible ou alternativement dans les deux mondes, et il choisit cette troisième solution.

Il ajoute à son livre 44 pages sur la seconde vie par le Dr JAENGER.

Cette étude sur l'homme, sur l'humanité et sur la Terre, considérés comme organismes vivants, conclut aussi à la nécessité de la vie future ou de l'existence supérieure.

Sa Majesté la reine d'Angleterre VICTORIA a publié des *méditations sur la mort et l'éternité.* CH. BERNARD-DEROSNES les a traduites en français et a fait paraître une 4ᵉ édition en 1863.

La veuve du prince, à qui elle a élevé à Londres l'*Albert memorial*, avait un chagrin profond et écrasant. Ces méditations ont été pour elle une source de consolation et d'édification. Elles sont bonnes à lire par tout homme, chrétien ou non, qui a perdu un être cher. Elles lui montrent une grande souveraine qui a supporté une douleur analogue à la sienne et elles lui affirment que « *Dieu et l'immortalité sont des vérités irréfragables* ».

Il serait désirable qu'elles arrivassent à l'en convaincre !

A. Gratry fut un prêtre de l'Oratoire de l'immaculée conception.

L'Ecole Polytechnique s'honore d'avoir formé son génie, en 1825-1827, en même temps que celui de J. Reynaud. Après avoir fait paraître *La connaissance de Dieu*, dont nous parlerons au prochain Chapitre, il a publié en 1874 la 5ᵉ édition de *La connaissance de l'âme* (2 vol.).

Il essaie de bien connaître l'âme en face de Dieu, de méditer sur sa vie, sa mort, son immortalité et d'exposer la théorie de l'âme, telle que la conçoit la religion chrétienne catholique.

Il consacre 42 pages à démontrer l'immortalité de l'âme, en la considérant tour à tour par rapport à Dieu, au point de vue du sens intime et à la lumière de l'Evangile.

Il consacre ensuite 149 pages à sonder ce très difficile problème : Où résident les âmes après la mort, avant et après la résurrection du corps affirmée par la religion chrétienne ? Il fait à ce sujet un peu d'astronomie et beaucoup de rêveries poétiques.

V. Girard a publié un livre sur « *la transmigration des*

âmes et l'évolution indéfinie de la vie au sein de l'univers » ([1]).

Il se demande « *ce que nous étions avant cette existence, ce que nous deviendrons après le dernier jour de la vie, ce qu'il y a avant la naissance et ce qui existe après la mort, si c'est le néant absolu, si c'est l'éternelle vie ?* » Il affirme, ce que nous nions, que « *l'âme reste la même pendant toute la durée de notre vie* ». Il cite de nombreux exemples d'actions coupables ou vertueuses qui n'ont pas reçu sur terre la sanction qu'elles méritaient, et il constate que « *les dévouements ignorés et les crimes qui échappent à la justice humaine demandent des existences ultérieures où puisse avoir lieu l'application des lois inéluctables de la morale éternelle* ». Évidemment, mais obtiennent-ils satisfaction et les lois de la morale sont-elles réellement « *inéluctables* » ? Toute la question est là.

Tous les penseurs cités par V. GIRAUD sont unanimes pour trouver que la vie terrestre est un malheur pour ceux qui la subissent, mais ils diffèrent d'avis en ce qui concerne le suicide.

Notre auteur estime que « *la vie actuelle est le résultat ou l'expiation des existences antérieures ou bien une épreuve, une montée, une initiation aux vies supérieures de l'avenir* » et « *qu'il n'existe sur la terre aucune sanction réelle aux actes de notre vie* »... Y en a-t-il réellement une ensuite ?

Il affirme, mais sans le démontrer, que « *la mort n'est qu'une des étapes de l'odyssée humaine qui se déroule à travers les mondes et l'éternité* ».

([1]) Relevons en passant un *lapsus calami* de l'auteur. Il attribue aux rayons lumineux une longueur d'onde de $\frac{1}{620000}$ à $\frac{1}{425000}$ de micron, alors qu'il a voulu dire 0,620 à 0,425 micron.

La différence est énorme entre ces limites, mais elle est très faible entre les mots qui les expriment. La confusion est très explicable entre 620 millièmes et un 620 millième. Sans aucun doute, l'auteur a été, sur ce point, renseigné verbalement par un de ses amis.

En somme, son livre est brillant d'imagination et de poésie et il peint la vie, telle qu'il voudrait qu'elle fût.

Le célèbre vulgarisateur de notions scientifiques, L. Figuier, a publié en 1878 un livre sur « *le lendemain de la mort ou la vie future selon la science* ». Il l'a écrit, comme nous faisons du présent volume, après avoir « *perdu un fils adoré en qui se résumaient tout l'espoir et toutes les ambitions de sa vie* ».

Il analyse le matérialisme, le vitalisme animique de Stahl et le vitalisme de Barthez et il admet avec ce dernier que l'homme est un agrégat du corps, de l'âme et de la vie.

Rajeunissant les *hypothèses de la métempsycose* admises par les Hindous, les Egyptiens, les Grecs et les Gaulois, il suppose que l'âme décrit un cycle,

qu'elle vient du Soleil sur une planète sous forme de germe animé,

qu'elle s'incarne successivement

dans des végétaux,

dans des animaux,

dans des hommes,

dans des anges ou surhommes asexués, vivant dans l'éther interplanétaire et visitant diverses planètes,

dans des archanges ou archisurhommes, etc.,

et qu'elle survit enfin dans le Soleil à l'état de purs esprits qui alimentent la chaleur solaire.

Il glisse sur ce phénomène étrange d'un pur esprit engendrant de la chaleur et nous restons rêveur devant cette assertion.

En présence de toutes ces hardies hypothèses, le lecteur demeure malgré lui fort inquiet. Il constate que, nonobstant le titre de son ouvrage, L. Figuier abandonne la science, s'élève au-dessus d'elle, fait de la poésie et peint la vie de l'âme avant la naissance et après la mort telle qu'il voudrait qu'elles fussent.

Pour notre part, au lieu d'admettre que l'âme d'un fœtus

humain a animé antérieurement d'autres hommes, des animaux et des végétaux, nous préférons considérer qu'elle provient de la fusion de deux parties des âmes de ses parents.

Quant aux anges, aux archanges et aux purs esprits solaires, ce sont pour nous des hypothèses gratuites que nous présentons aux lecteurs sans oser les leur recommander.

L. Figuier termine son livre en donnant, d'après C. Flammarion (¹), quelques détails sur l'univers.

Il nous paraît digne de remarque que, bien qu'ils soient sensiblement d'accord, V. Girard et L. Figuier paraissent s'ignorer l'un l'autre.

En 1903, après la mort de l'auteur, a paru en seconde édition, avec une préface de Worms, *Dieu et l'âme*, essai d'idéalisme expérimental par Coste.

L'interprétation qu'il donne de Dieu et de l'âme est positiviste, sociale, mais à peine spiritualiste.

Il remplace l'immortalité de l'âme par l'hérédité de la famille.

Non content de constater la ressemblance de Goethe avec Homère, de Kant avec Platon, de Newton avec Archimède, il déclare qu'ils en sont des réincarnations, hypothèse peut-être fausse, mais assurément jolie et poétique.

Adoptant cet ordre d'idées, on pourrait dire que Pascal, Mozart, Napoléon Ier, Joseph Bertrand ont dû à des existences antérieures leur précocité de géomètre, de musicien, de stratège et de mathématicien.

Au prochain Chapitre, nous reparlerons du livre de Coste.

En 1905, notre ami Louis Elbé, dans lequel, sans parler de l'ingénieur métallurgiste qui se dissimule sous ce nom, on trouve à la fois un érudit, un spiritualiste et un chrétien,

---

(¹) *Pluralité des mondes habités.*

a fait paraître « *La vie future selon la sagesse antique et la science moderne* ».

Il croit devoir « *retenir, au nom de la science, le principe de la survivance, qui se présente à lui sous la double autorité de la tradition universelle et des déductions tirées de l'observation des faits* ».

Il dit « *que la certitude absolue s'arrête pour nous aux limites du monde sensible et que l'humanité est destinée sans doute à ne jamais la posséder dans sa plénitude* ». Nous allons plus loin que lui et nous estimons qu'aucune assertion humaine n'est certaine, que l'interprétation du témoignage des sens est souvent erronée, que la raison humaine est toujours chancelante.

Il est certain, comme il le dit, que l'homme qui enterre un ami proteste instinctivement contre la mort et appelle l'esprit divin pour ranimer le cadavre dont il orne le tombeau. Il est certain que l'idéal de justice commun à toute l'humanité exige une sanction posthume aux actes accomplis durant la vie. Mais l'opinion des hommes est celle d'êtres ignorants et bornés et n'a d'autre valeur que celle des arguments qui l'étayent.

Il marque, insuffisamment selon nous, la confiance très inégale que méritent les religions, le spiritisme, la théosophie, la science faite, la science embryonnaire et la science éventuelle.

Quand nous ignorons les causes d'un fait, quand nous ne le comprenons pas, nous discutons son existence et nous recherchons s'il n'y a pas erreur ou supercherie.

Pour nous, les mouvements browniens, qui paraissent régis par le hasard, sont déterminés par un ensemble de causes que nous ne discernons pas, et il en est de même du développement des cristaux.

Nous admettons que tout homme, tout animal, tout végétal possède une âme multiple, libre et variable pendant la durée de sa vie, que chaque cellule possède une âme élé-

mentaire qui dispose à son gré des ergs qui se dégagent
en elle pendant chaque élément de temps pour les appliquer
à une masse arbitraire et pour lui donner une vitesse de
direction arbitraire, que l'âme humaine, syndicat de toutes
ces âmes élémentaires, croît pendant la vie fœtale et pendant
la jeunesse, est sensiblement constante pendant la maturité
et décroît pendant la vieillesse et pendant la décrépitude, que
la vie de chaque cellule est éternelle dans le passé et dans
l'avenir (*omne vivens ex vivo*), mais que le syndicat constitutif d'une âme humaine, animale ou végétale, paraît se
dissocier au moment de la mort de l'être correspondant.

Malgré la différence de nos opinions, nous avons félicité
sincèrement notre ami ELBÉ d'avoir écrit son livre sur la vie
future et d'avoir conservé les croyances ou les illusions
consolantes qu'il formule.

L'abbé TH. MOREUX, directeur de l'Observatoire de
Bourges, qui serait, s'il en était besoin, une preuve vivante
de la possibilité de l'accord entre la science et la religion,
vient de publier « *Que deviendrons-nous après la mort ?* »
dont nous avons lu la 16ᵉ édition.

Ce volume contient de très intéressantes remarques sur
l'espace, sur le temps, sur l'éther, sur la matière, sur la force,
sur l'âme et sur Dieu, toutes questions que nous essayons
aussi de traiter et sur lesquelles nous ne sommes pas en
trop grave désaccord avec l'abbé MOREUX.

Prêtre de la religion catholique, il ne met pas un instant
en doute l'existence de Dieu, ni l'immortalité de l'âme humaine.

Allant beaucoup plus loin dans cette même voie, il prétend
que certains personnages ont été vus en plusieurs endroits à la
fois, qu'ils possédaient le don d'ubiquité ou de bilocation,
que certains personnages en ont vu d'autres sans le secours
des yeux et ont communiqué avec eux.

Il croit aux miracles, qu'il appelle « *des faits contraires aux lois naturelles actuellement existantes* ».

Prenant au pied de la lettre le dogme chrétien, au lieu d'y voir un symbole,

bien que la matière du corps d'un homme varie de sa conception à sa mort,

bien que les mêmes atomes de carbone, d'hydrogène, d'oxygène, d'azote, etc. passent successivement dans le corps de plusieurs hommes,

bien que la boutade célèbre « *nous mangeons nos aïeux* » soit une absolue vérité, même quand nous ne mangeons pas rituellement leurs cadavres, comme c'est l'usage des anthropophages (¹),

l'abbé MOREUX admet la résurrection de la chair !

Incontestablement, il verse en ce point, malgré lui, dans le matérialisme.

Il prétend que nous renaîtrons avec nos propres corps devenus incorruptibles, que nous serons immortels, que nous pourrons, comme l'a pu le CHRIST ressuscité, nous rendre invisibles à des yeux humains, nous transporter rapidement d'un point à un autre, pénétrer dans une chambre close.

Il cherche dans la quatrième dimension, dont nous avons dit un mot au Chapitre I, une explication à ces phénomènes étranges. La trouve-t-il ? Nous ne le croyons pas.

Pour nous, l'hyperespace n'est qu'un tour de force de logistique.

Peut-être l'abbé MOREUX va-t-il un peu loin, dans son louable désir de concilier la science et la religion ?

Peut-être tout n'est-il pas vrai, au pied de la lettre, dans la révélation ?

Peut-être, comme le propose E. SCHURÉ (²), faut-il l'interpréter dans le sens ésotérique ?

(¹) Ainsi que l'a constaté un missionnaire cité par l'abbé MOREUX.

(²) *Les grands initiés.* Nous analysons ce livre au Chapitre suivant.

Toujours « peut-être ».... Nous causons avec vous, lecteur, et nous vous laissons le soin de trancher les nombreux points douteux.

Nous désirons vivement que les hypothèses émises dans ces neuf livres au point de vue poétique, chrétien ou spirite soient l'expression de la vérité.

Quelques-unes d'entre elles choquent le sens commun, mais il ne faut pas oublier [que le sens commun n'est que l'opinion variable d'une majorité d'ignorants et de faibles d'esprit.

Les quatre points suivants choquent notre raison, elle-même faillible :

1° Le *lapsus calami* relevé chez V. GIRARD ;

2° Le réchauffement du soleil par de purs esprits, admis par L. FIGUIER ;

3° La réincarnation des génies imaginée par COSTE ;

4° La résurrection de la chair admise par TH. MOREUX.

Contrairement aux auteurs que nous venons de citer, BUCHNER nie formellement, comme nous le relatons au Chapitre XVI, qu'on puisse « *fournir l'ombre d'une preuve pour établir la possibilité de l'existence de l'esprit en dehors de la matière* ».

Nous allons maintenant présenter au lecteur trois défenseurs récents de la thèse de BUCHNER.

ALFRED BINET, directeur du laboratoire de psychologie à la Sorbonne, a émis des théories sur l'âme et sur le corps dans une conférence qu'il a faite en décembre 1904 à la Société française de Philosophie, et les a développées dans un Livre dont le 10ᵉ mille a paru en 1918.

Il affirme à bon droit que nous ne connaissons le monde extérieur que par nos sensations, et il croit impossible de faire une théorie de la matière en termes de nos sensations.

Dans toute sensation, il distingue :

1° une impression, un objet de connaissance, phénomène physique,

et 2° le fait de sentir et de juger, un acte de connaissance, phénomène psychique.

Esprit et matière sont pour lui termes corrélatifs.

La conscience lui paraît jouer le rôle d'un témoin dans la perception des objets et de leurs rapports de voisinage ou de ressemblance.

A. Binet examine comment, avec de la matière en mouvement, on peut expliquer ou fabriquer un phénomène de pensée, de conscience, d'action.

Il expose successivement :

le système du spiritualisme d'après lequel l'âme est un pouvoir libre, tandis que la matière est soumise à un rigoureux déterminisme ;

le système de l'idéalisme dont les diverses variétés (hylozoïsme antique, monadisme de Leibniz, récent panpsychisme de Strong) admettent ce principe que c'est l'esprit qui crée le monde ;

le système du matérialisme qui définit la pensée comme le produit d'une composition dont les éléments n'impliquent pas la pensée ;

le système du parallélisme d'après lequel tout fait psychique de perception, d'émotion ou d'idée aurait pour base un phénomène nerveux ;

et le système du monisme, présenté par Bergson dans *Matière et mémoire*, et considérant tous les nerfs comme moteurs et la représentation comme l'initiatrice du mouvement cérébral.

Le spiritualiste affirme l'indépendance de la représentation par rapport au mouvement cérébral, le matérialiste la met après ledit mouvement cérébral, le paralléliste la met à côté et Bergson la met en avant.

Après avoir exposé les défauts de toutes ces explications, A. Binet en propose une nouvelle. Il s'appuie sur ce fait que l'ondulation nerveuse qui transmet une sensation dépend à la fois de la nature de l'objet qui la provoque et de la nature de l'appareil nerveux qui la véhicule.

Entre les idéalistes qui déclarent que la pensée crée le monde et les matérialistes qui répondent que le cerveau crée la pensée, A. Binet accorde des droits égaux à la conscience et à la matière.

Il nous paraît qu'il a, ainsi, fait faire à la psychologie un pas en avant, vers la solution d'un difficile problème.

A. Dastre, professeur de physiologie à la Sorbonne, a fait à la biologie une application très intéressante des théories nouvelles sur l'Energétique, dans *La vie et la mort*, livre dont le 16ᵉ mille a paru en 1918, peu de temps avant la mort de l'auteur.

Il débute par un grand éloge de son prédécesseur Claude Bernard et de son livre paru de 1876 à 1878 sur les *phénomènes communs à tous les êtres vivants : animaux et plantes.*

Il constate que, pour les animistes, les êtres vivants ont une âme raisonnable et immortelle,

pour les vitalistes, ils ont seulement une force vitale,

et pour les unicistes, la vie est réglée par les lois de la physicochimie.

A. Dastre est uniciste, tandis que nous sommes animiste ou vitaliste. Nous rendons un hommage bien naturel à sa haute compétence en physiologie, mais il nous est permis de différer d'avis avec lui sur ce point de philosophie. En métaphysique, tout peut se dire, mais rien ne peut se prouver.

Notre auteur constate que le monde animal dépense l'énergie qu'a accumulée le monde végétal, mais que la vie animale ressemble beaucoup à la vie végétale et même offre des traits communs avec une soi-disant vie minérale, dont il donne de nombreux et curieux exemples, sur lesquels on pourrait épiloguer.

Il donne de la cellule une description détaillée intéressante. Le Dantec et lui la comparent à un solide cristallisé.

Il donne des détails curieux sur la cicatrisation, la réparation, la régénération plus ou moins complète des organes végétaux ou animaux fortuitement enlevés à un individu. Il termine par une étude de la mort et il estime modestement qu'elle est la conclusion presque certaine de toute existence humaine, mais que l'hygiène savante, dictée par Metchnikoff, la médecine et la chirurgie, les virus atténués et les sérums, les précautions contre la contagion en reculent l'échéance.

Notre différend profond avec A. Dastre se résume en ceci : il nie l'existence de l'âme et nous la proclamons; il traite de chimères les caprices de la nature vivante et nous y croyons.

S'il n'y avait pas d'êtres vivants, le mouvement des astres, le mouvement d'une molécule d'eau sur la terre, le mouvement d'une plume au vent (¹), le mouvement brownien d'un très petit solide plongé dans un liquide seraient absolument déterminés par les forces extérieures et prévisibles. L'Astronomie et la Météorologie pourraient être des sciences parfaites. La prévision d'un éclair ou d'une aurore boréale est tout aussi possible, sinon aussi facile que celle d'une éclipse de soleil ou de lune.

Pour les gens qui examinent les choses à notre point de vue, l'apparition de la vie change tout cela : les mouvements d'un protophyte ou d'un protozoaire monocellulaires, ceux d'un grain de saccharomyces (levure de bière), ou d'un globule du sang, ceux d'un métaphyte ou d'un métazoaire polycellulaires, ceux d'un homme sont *a priori* indéterminés et imprévisibles (au moins de façon certaine et précise).

____

(¹) C'est pourtant, pour les poètes, le type des mouvements imprévisibles.

Sommes-nous dans le vrai ?

Pour Dastre aussi bien que pour Hegel (¹), l'Être, c'est le néant. Pour nous, l'Être existe et se détermine librement.

Félix le Dantec, chargé de cours à la Faculté des Sciences de Paris, a fait paraître en 1917 « *Le problème de la mort et la conscience universelle* » (²).

Cet auteur de nombreux travaux scientifiques remarqués est matérialiste, athée, déterministe... et décourageant (³). Il nie la survie de l'homme « *que l'on désire sans trop s'imaginer en quoi elle consiste* » et il se déclare partisan de la « *mort totale* ».

Il affirme la simplicité du phénomène de la mort, malgré l'existence d'un cadavre plus ou moins durable.

« *Les êtres qui sont morts* », dit-il, « *n'interviennent plus dans les phénomènes du monde* »... « *La mort est la destruction, la disparition d'un mécanisme qui a eu une durée limitée.* »

Biologiste et physicien, il présente la physique comme « *la merveille des merveilles* » et il considère comme des ignorants tous ceux qui n'ont pas appris cette science.

Placé devant le problème ardu de la conscience individuelle, Le Dantec se borne à déclarer « *qu'il y a des cas où une construction matérielle connaît certaines particularités de sa propre structure* », que « *la masse protoplasmique qui est moi a conscience de son existence actuelle* » et que « *le caractère structural que constitue, dans notre organisme matériel, le document entré par nos fenêtres sensorielles, s'accompagne, dans notre conscience, d'une connaissance rigoureuse, qui en*

(¹) *Voir* Chapitre suivant.

(²) Le « bon à tirer » de ce livre a été donné le 31 juillet 1914, à la veille du grand cataclysme qui vient de prendre fin.

(³) L'abbé Th. Moreux et lui se font exactement pendant. Nous n'avons pas l'honneur de les connaître, mais nous professons pour ces deux ardents polémistes une égale estime.

est la traduction parfaite ». Nous avouons comprendre imparfaitement ces explications. Avec la meilleure volonté du
monde, il nous est impossible d'être satisfait par elles.

Le Dantec ne croit pas que « *le phénomène vital, qui as-
semble les matériaux inorganiques pour en faire un corps vivant, ait la propriété de faire naître la conscience dans l'agglomération matérielle qu'elle réalise ainsi avec des éléments dépourvus de conscience* », mais plutôt que « *les éléments de
conscience existent dans la nature inorganique et que l'agglomération matérielle qui construit le corps vivant aux dépens
d'éléments non vivants, construit en même temps la conscience
de ce corps vivant, aux dépens des éléments de conscience qui
sont dans les éléments matériels* ». Ce disant, Le Dantec nous
paraît verser, malgré lui, dans l'hypothèse.

Pour notre part, à l'hypothèse d'après laquelle toute matière minérale serait consciente, nous préférons celle d'après
laquelle chaque cellule végétale ou animale aurait une âme
consciente et libre, au moins durant sa vie.

Le Dantec affirme que les spiritualistes « *croient avoir
fait naître, avoir produit, avoir voulu un. phénomène, quand
ils ont été seulement le siège de transformations d'une activité
venue du dehors* ».

Quoi qu'il en dise, nous demeurons spiritualiste et partisan
du libre arbitre.

Nous sommes pleinement d'accord avec lui quand il dit
que « *notre moi change sans cesse d'une manière continue* ».
Mais nous ne sommes pas convaincu par son affirmation que
« *l'individu, mécanisme coordonné et conscient, disparaît entièrement quand il meurt* ».

Partisan du déterminisme universel, il récuse les notions
de droit, de devoir, de mérite, de responsabilité, de récompense et de punition. Il nie la responsabilité de l'être vivant
et il attribue ses actes à une résultante de son hérédité et de
son éducation.

Il donne une très intéressante description et une analyse

très judicieuse de actes de la « bande à Bonnot » qui étaient à l'ordre du jour au moment où il rédigeait son Ouvrage. Depuis lors, hélas ! d'autres bandits plus nombreux et plus cruels ont envahi la France, la Belgique, l'Italie, la Serbie, le Monténégro, la Roumanie et la Russie et ont semé partout le meurtre et la dévastation.

« *Notre conscience morale est* » pour LE DANTEC « *le résultat des déformations qu'a subies au cours de plusieurs siècles de vie sociale, le féroce égoïsme de l'homme primitif.* »... « *L'hypocrisie est la clef de voûte de la Société.* »... « *Grâce à l'honnêteté des uns et à l'hypocrisie des autres, la vieille société continuera cahin-caha, ni meilleure, ni plus mauvaise que dans le passé.* »

Ce vœu modeste se réalisera probablement.

Nous énonçons au Chapitre XIII un idéal beaucoup plus ambitieux pour l'homme adulte, sain et civilisé, mais le propre d'un idéal est de ne jamais pouvoir être atteint.

Il ne nous reste plus, pour terminer ce Chapitre, qu'à formuler nos conclusions suivantes, qui nous classent près du clan des spiritualistes.

Dans notre Ouvrage, *Les Sciences expérimentales*, nous avons dit jadis :

« Les aptitudes naturelles des enfants résultent peut-être du souvenir incomplètement effacé d'une existence antérieure, et la mort n'est peut-être qu'une sorte de sommeil plus profond que le sommeil nocturne ; il se peut qu'une âme existe avant la conception ; il se peut qu'elle continue à exister après la mort, comme la religion l'admet ; mais ces questions nous paraissent sortir des bornes de la science. »

Nous maintenons ces conclusions et nous y ajoutons les développements suivants :

Notre sentiment et notre raison sont profondément convaincus de l'existence, c'est-à-dire de la spiritualité de l'âme.

Nous croyons que l'âme d'un fœtus provient de la fusion de l'âme d'un spermatozoïde et de l'âme d'un ovule, que l'âme d'un homme est multiple et variable pendant sa vie.

Notre sentiment désire qu'après la mort, l'âme survive telle quelle ou dissociée en ses éléments.

Au Chapitre XIX, nous discuterons les doctrines spirites.

Pour le moment, en nous plaçant au point de vue de la raison, nous nous abstenons sur cette grave question de l'immortalité de l'âme, de même que nous le ferons dans le Chapitre suivant sur celle de l'existence de Dieu.

CHAPITRE VII.

DIEU.

Dieu existe-t-il ?

Y a-t-il réellement, en dehors de l'espace et du temps, un Être,

infini dans sa science, dans sa puissance et dans sa bonté,

dictant au monde matériel (éther, matière et force) des lois physiques auxquelles celui-ci obéit aveuglément et aux êtres vivants des lois morales qu'ils peuvent librement suivre ou transgresser ;

appelé par les théistes « l'Être suprême » ou « la déesse Raison » (1),

adoré par les israélites sous le nom de « Jéhovah » ou de « Javèh »,

par les musulmans sous celui d' « Allah »,

par les chrétiens sous les trois personnes de « Dieu le Père », de « Dieu le Fils ou Jésus-Christ » et du « Saint-Esprit »,

et sous divers noms par les autres sectes monothéistes ?

Nous passons sous silence le polythéisme. Si Dieu existe, il est certainement unique. Tous les peuples civilisés ont renoncé depuis longtemps au culte des nombreux dieux

---

(1) Placée en 1793 par les Hébertistes sur l'autel de Notre-Dame, à Paris.

anthropomorphes imaginés par la race humaine vers ses débuts.

De tout temps, les philosophes ont examiné la grave question que nous posons ici.

Nous retrouvons les preuves suivantes de l'existence de Dieu dans nos vieilles Notes de philosophie prises au cours de PELLISSIER.

« La démonstration de l'existence de Dieu n'est en réalité que le travail de réflexion par lequel l'homme éclaircit et développe la notion innée et universelle de Dieu.

Dieu est spontanément conçu par la raison comme le créateur et l'ordonnateur du monde. Cette conception se justifie et s'explique par trois sortes de raisonnements que l'on appelle *preuves physiques*, *preuves morales*, *preuves métaphysiques*. Ces trois preuves se complètent l'une l'autre et remédient à ce que chacune d'elles a d'insuffisant et de défectueux.

1° Les preuves physiques sont empruntées à l'étude de la nature. La plus simple de toutes est connue sous le nom d'*argument des causes finales*, parce qu'elle est fondée sur l'appropriation de toute chose à une fin dans la nature : l'ordre atteste un ordonnateur; or le monde porte la marque d'un ordre parfait, donc il est l'œuvre d'un ordonnateur parfait qui est Dieu. L'avantage de cet argument est de parler à la raison et à l'imagination de tous les hommes. Son inconvénient est de subordonner l'existence de Dieu à l'existence du monde.

2° Preuves morales, c'est-à-dire fondées sur le témoignage des hommes. Elles se ramènent toutes à l'argument du consentement unanime. Ce qui est universellement admis par les hommes est vrai; or les hommes ont toujours admis un Dieu; donc il est vrai qu'il y a un Dieu. L'avantage de cet argument, c'est qu'il est fondé sur un principe de sens commun. Son inconvénient c'est que le témoignage unanime des hommes ne peut donner une certitude absolue et indiscutable.

3° Preuves métaphysiques, c'est-à-dire fondées sur les principes absolus de la raison. Elles se résument dans l'argument de la raison humaine. Tous les attributs conçus comme nécessaires par la raison sont adhérents à une substance; or la raison conçoit l'infini, le parfait, l'absolu; donc il y a une substance parfaite, infinie, absolue qui est Dieu. L'avantage de cette preuve, c'est qu'elle est inattaquable à tout scepticisme puisqu'elle est fondée sur la croyance de l'homme à sa raison. L'inconvénient, c'est qu'elle réclame, pour être comprise, une puissance d'abstraction, dont tous les hommes ne sont pas également doués. »

Bénard énumère aussi des preuves physiques, métaphysiques et morales de l'existence de Dieu, dans son *Précis de Philosophie.*

Faute de pouvoir citer intégralement les 14 pages qu'il y consacre, nous prions instamment le lecteur de vouloir bien en prendre connaissance.

Voici, dans le texte ou en traduction, de nombreux développements de cette pensée :

IL Y A UN DIEU.

« *Considérez qui fait marcher dans un si bel ordre l'armée des étoiles* (¹). »

« *Rien n'est un pur hasard, il y a donc quelque chose qui meut éternellement. C'est un être qui meut sans être mû* (²). »

« *Nulla est gens tam immansueta tamque fera quæ non, etiam si ignorat qualem habere deum deceat, tamen habendum esse sciat* (³). »

« *Comment ne pas rapporter à une cause intelligente les merveilles qui, pour être comprises, réclament une cause intelligente* (⁴) *?* »

« *Vous trouverez des villes sans murailles, sans lettres, sans lois, sans richesse. Personne n'a jamais connu une ville sans temples, sans Dieux, sans prières et sans sacrifices* (⁵). »

« *La science conduit à la connaissance de Dieu, puisque toute science vient de Dieu* (⁶). »

« *Dieu, principe et fin de toutes choses, peut, à l'aide des*

(¹) Isaïe.
(²) Aristote.
(³) Cicéron.
(⁴) *Ibidem.*
(⁵) Plutarque.
(⁶) Saint Thomas d'Aquin.

choses créées, être connu d'une manière certaine par les lumières de la raison ([1]*). »*

« Un peu de science nous éloigne de Dieu, beaucoup de science nous y ramène ([2]*). »*

« J'existe. Or, je ne peux tirer mon existence de moi-même. Ceux qui m'ont donné la vie l'ont reçue comme moi-même. Je suis donc forcé de remonter à un premier Être qui ne tienne son existence que de lui-même ([3]*). »*

« La Raison n'a qu'à suivre son instinct naturel pour se persuader qu'il y a un Dieu ([4]*). »*

« Qu'il y ait un moment où rien ne soit, éternellement rien ne sera. Il y a donc quelque chose qui est de toute éternité ([5]*). »*

« Il suffit de penser à Dieu pour savoir qu'il est ([6]*). »*

« Quant à la conclusion de toutes ces preuves, elle est dans ma nature; j'en ai reçu les principes trop aisément dans mon enfance et je les ai conservés, depuis, trop naturellement pour les accuser de fausseté. Mais il y a des esprits qui se défont de ces principes. C'est une question s'il s'en trouve de tels, et, quand il en serait ainsi, cela prouve seulement qu'il y a des monstres ([7]*). »*

« Tout ce qui est vérité universelle est idée, tout ce qui est idée est Dieu même ([8]*). »*

« L'idée de Dieu est une idée qu'on trouve naturellement et simplement en soi sans avoir besoin de philosopher ([9]*). »*

« Une fausse science fait les athées, une vraie science prosterne l'homme devant la Divinité ([10]*). »*

---

[1] Saint Thomas d'Aquin.

[2] Bacon.

[3] Descartes.

[4] Nicole.

[5] Bossuet.

[6] Malebranche.

[7] La Bruyère.

[8] Fénelon.

[9] *Ibidem.*

[10] Voltaire, *Dialogues et entretiens philosophiques.*

« *Si Dieu n'existait pas, il faudrait l'inventer. Mais toute
la nature nous crie qu'il existe et qu'il y a une intelligence
suprême* ([1]). »

« *Tout ouvrage démontre un ouvrier* ([2]). »

« *Si un palais annonce un architecte, comment le monde ne
démontre-t-il pas une intelligence suprême* ([3])? »

> « *L'univers m'embarrasse et je ne puis songer*
> » *Que cette horloge existe et n'ait point d'horloger* ([4]). »

« *C'est dans le grand et sublime livre de la nature que
j'apprends à servir et à adorer son divin auteur* ([5]). »

« *Tout ce qui montre de l'ordre suppose une cause intelligente. Or, dans l'univers, soit considéré dans son ensemble,
soit dans les êtres qui le composent, apparaît un admirable
dessein. Donc le monde est l'effet d'une cause intelligente* ([6]). »

« *La loi morale exige une sanction supérieure à celles du
monde qui ne satisfont pas nos tendances de justice* ([7]). »

« *C'est la crainte* », dit LUCRÈCE, « *qui a créé les Dieux,
mais qui a créé cette crainte toute puissante* ([8]) ? »

« *On ne rendra désormais quelque jeunesse à la race humaine qu'en revenant à la religion par la philosophie, ou seulement par la raison* ([9]). »

« *Le preuve la plus répandue et la plus touchante de l'existence de Dieu n'est-elle pas dans cet élan du cœur qui, dans la
conscience de nos misères et à la vue des imperfections de
tout genre qui nous assiègent, nous suggère irrésistiblement*

([1]) VOLTAIRE, *Lettre à Frédéric-Guillaume.*
([2]) VOLTAIRE, *Le Philosophe ignorant.*
([3]) VOLTAIRE.
([4]) *Ibidem.*
([5]) J.-J. ROUSSEAU, *Émile.*
([6]) REID.
([7]) KANT.
([8]) LICHTERBERG.
([9]) MADAME DE STAEL.

l'idée confuse d'un être infini et parfait, nous remplit, à cette idée, d'une émotion inexprimable, mouille nos yeux de pleurs et même nous prosterne à genoux devant Celui que le cœur nous révèle, alors même que la raison refuse d'y croire ([1]) ? »

« *Tous nos devoirs sont compris dans la justice et la charité. Ces deux grands préceptes, nous ne les avons pas faits; ils nous sont imposés: de qui donc peuvent-ils venir, sinon d'un législateur essentiellement juste et bon* ([2]) ? »

« *Il faut qu'il y ait un être qui se charge d'accomplir dans un temps qu'il s'est réservé, et de la manière qui conviendra, l'ordre dont il a mis en nous l'inviolable besoin; et cet être c'est encore Dieu* ([3]). »

« *Attends pour nier Dieu qu'on t'ait bien prouvé qu'il n'existe pas* ([4]). »

« *Le défilé si majestueux et si régulier du monde dans les plaines célestes ne peut être dû à la matière et au hasard* ([5]). »

« *La science mène à Dieu et la philosophie est impossible sans Dieu* ([6]). »

« *Dieu n'est autre chose que la cause suprême des effets dont nous sommes les témoins, et tout effet implique une cause* ([7]). »

« *Si l'intelligence, l'amour du bien et du beau sont en nous, il faut qu'ils proviennent d'une cause qui les possède à un degré supérieur. Si l'ordre se manifeste en toutes choses, si un*

([1]) VICTOR COUSIN.

([2]) *Ibidem.*

([3]) *Ibidem.*

([4]) A. DUMAS FILS, préface de son *Théâtre complet.* Cette phrase n'est-elle pas de lui un vivant portrait ? Nous posons cette question aux rares vieillards qui ont eu jadis la bonne fortune d'entendre crépiter sa conversation.

([5]) VICTOR GIRARD, *La transmigration des âmes et l'évolution indéfinie de la vie au sein de l'univers.*

([6]) WOILLEZ, *L'homme et sa science au temps présent* (1877).

([7]) L. FIGUIER, *Le lendemain de la mort et la vie future selon la science* (1878).

plan se révèle dans le monde, c'est qu'une pensée les a élaborés, une raison les a conçus ([1]). »

« Une divine intelligence régit les mondes. A elle s'identifie la Loi, loi immanente, éternelle, régulatrice, à laquelle êtres et choses sont soumis ([2]). »

« Les lois du bien et du mal révélées au monde sont la preuve évidente, irrécusable de l'existence de Dieu ([3]). »

« Le cartésianisme s'écrie justement : Je me sens imparfait, donc j'ai l'idée de la perfection; et cette idée ne peut me venir que d'un être parfait, donc l'être parfait ou Dieu existe ([4]). »

« La religion comporte une vérité, qui sans doute est d'un autre ordre que la vérité scientifique, mais qui ne s'impose pas moins fortement à notre adhésion ([5]). »

« L'odyssée prouve l'existence d'HOMÈRE et le monde celle de Dieu ([6]). »

« La molécule matérielle n'est ni libre, ni animée, ni intelligente, mais elle est nécessitée; elle agit comme elle le fait parce qu'une intelligence a pensé pour elle et lui a dicté sa volonté ([7]). »

« Toute morale, toute obligation et toute sanction doivent reposer sur l'existence d'un Dieu personnel, qui a créé le monde, qui le gouverne, qui lui a tracé ses lois et qui a dû lui assigner une fin ([8]). »

La pensée contraire :

IL N'Y A PAS DE DIEU,

a été longuement développée en 1907 par LE DANTEC dans son livre, *L'Athéisme.*

([1]) L. DENIS, *Après la mort.*
([2]) *Ibidem.*
([3]) TOLSTOÏ, *Anna Karénine.*
([4]) COSTE, *Dieu et l'âme* (1903).
([5]) BOUTROUX, Préface de *L'Expérience religieuse* (1905).
([6]) ABEL HERMANT, *La Biche relancée.*
([7]) L'abbé MOREUX, *Que deviendrons-nous après la mort ?* (1914).
([8]) *Ibidem.*

Il discute les preuves de l'existence de Dieu, tirées de considérations métaphysiques, de considérations morales, de la croyance universelle des peuples, de l'existence du monde, du mouvement, de l'ordre du monde.

Il conclut à l'athéisme scientifique, au monisme, à la conscience épiphénomène, inventée par MANDSLEY et adoptée par HUXLEY.

Il relate les objections que lui a formulées JULES TANNERY, directeur des Études scientifiques à l'École Normale supérieure, et la réponse qu'il lui a adressée et qui résume son Ouvrage.

Voici, d'autre part, quelques développements de la même pensée.

« La croyance en Dieu ne se rencontre plus aujourd'hui que chez ces prétendus savants qui, dans leur ignorance à peu près parfaite des processus naturels, sont forcés de rapporter les phénomènes physiques à la volonté d'un Dieu personnel ([1]). »

« La croyance en un père aimant, qui tient entre ses mains la destinée des quinze cents millions d'hommes de notre planète et qui tient compte de leurs prières, de leurs pieux désirs se croisant en tous sens, est une croyance parfaitement inadmissible ; on s'en aperçoit de suite, sitôt que la raison, réfléchissant là-dessus, dépouille les verres teintés de la croyance ([2]). »

« Dieu n'est qu'une réponse toute faite au mystère et à l'espérance et il n'y a pas d'autre raison à la réalité de Dieu que le désir que nous en avons ([3]). »

Ni ces affirmations, ni ces dénégations n'arrivent à convaincre notre raison. C'est une question de sentiment.

([1]) G.-H. SCHNEIDER, cité par BUCHNER, *Kraft und Stoff* (1875-1899).

([2]) HAECKEL, *Les énigmes de l'univers* (1903).

([3]) BARBUSSE, *L'enfer* (1917). L'auteur, lauréat du prix Goncourt, a obtenu d'ANATOLE FRANCE ce magnifique éloge de son Ouvrage : « *Voilà enfin le livre d'un homme !* »

L'effroi de l'homme devant ce qu'il ne peut pas expliquer est le meilleur soutien des religions; l'orgueil de l'homme en présence de ce que peut son intelligence le conduit à l'athéisme.

Par notre atavisme, par notre éducation et par des raisons de sentiment, nous sommes enclin à croire à l'existence de Dieu et à l'immortalité de l'âme, mais nous ne trouvons pas que la science et la raison puissent victorieusement démontrer ni combattre ces deux dogmes, fondement de toutes les religions.

Nous empruntons la conclusion suivante à W. JAMES (¹) :

« Les arguments par lesquels on démontre que Dieu existe ont soutenu pendant des siècles les assauts répétés des penseurs incrédules, comme les remparts battus par les vagues. Le flot qui lentement les désagrège les laisse encore debout aux yeux des croyants. Pour celui qui déjà croit en Dieu, ces arguments sont solides ; pour l' thée, ils sont ruineux. »

Pour nous, ils sont inopérants, ainsi que les arguments contraires.

Il nous semble entendre les imprécations des partisans de l'une et de l'autre solution, scandalisés que nous n'ayons pas été convaincus par les arguments qu'ils admettent. Crapaud du marais, nous sommes exposé aux colères des montagnards de gauche et de droite.

Nous avons dit aux Chapitres I et II et nous répétons ici que nous ne croyons pas à l'existence objective de l'hyperespace et de l'hypertemps, que nos sens ne perçoivent pas. Si nous étions dans l'erreur, ces notions permettraient de se former de Dieu une idée plus *adéquate* à sa Grandeur et il y a là en leur faveur un argument dont nous ne nous dissimulons pas la valeur.

(¹) *L'expérience religieuse.*

Laissons de côté ces notions très abstraites.

Au point de vue des opinions philosophiques et des croyances religieuses, les hommes se partagent en deux camps qui comprennent, l'un comme l'autre, des savants et des ignorants : *les spiritualistes* croient à Dieu et à l'âme, deux hypothèses qui sont la base de toutes les religions, et les *matérialistes* nient leur exactitude.

Les matérialistes affirment que la matière s'est créée de toutes pièces à l'aide de l'éther, tandis que les spiritualistes affirment qu'elle a été créée par une Divinité, qui commande au monde et qu'ils regardent généralement comme immatérielle, éternelle, douée d'une puissance infinie et d'une absolue perfection morale.

Parmi les spiritualistes, quelques philosophes, qui s'appellent *panthéistes*, regardent la Divinité comme un syndicat des âmes.

L'unification de la sensibilité, de l'intelligence, de la mémoire et de la volonté des cellules constitutives d'un être humain est telle que presque tous les spiritualistes ont admis — à tort selon nous — l'unité de l'âme humaine.

Peut-être, comme le supposent les panthéistes, toutes les âmes de l'univers peuvent-elles se fusionner de même et constituer par leur ensemble la Divinité ? Cette hypothèse se concilie-t-elle avec l'unité de la pensée divine, avec l'unité de la volonté divine ?

Les païens admettent que Dieu est multiple. La mythologie égyptienne, la mythologie gréco-romaine, la mythologie scandinave ont donné naissance à d'admirables développements artistiques et littéraires, mais, comme nous le disons plus haut, les peuples civilisés ont renoncé actuellement au paganisme.

Diverses sectes religieuses admettent que Dieu est unique et les chrétiens affirment qu'il est unique, mais se manifeste sous trois personnes distinctes.

Les spiritualistes placent dans la Divinité la raison d'être de l'existence et du mouvement de l'univers, et les matérialistes admettent que l'univers existe et se meut par lui-même. La science est incapable de trancher cette grave question.

En morale, les uns et les autres rencontrent des difficultés spéciales.

Les spiritualistes sont embarrassés pour concilier l'existence du mal et de la liberté humaine avec la perfection et la presçience de Dieu. Les matérialistes le sont pour expliquer les idées de justice et de vertu : ils les rattachent généralement au fonctionnement régulier de la vie.

Comme nous le verrons plus loin, tout l'univers paraît merveilleusement adapté à l'usage de l'humanité : les divers organes à l'aide desquels l'homme se renseigne, se nourrit, se défend et se reproduit, la terre avec ses animaux et ses végétaux, la lune, le soleil, les planètes, les étoiles, les forces naturelles, les lois de la physique et de la chimie.... Les spiritualistes attribuent ce fait à l'intervention constante de la Divine Providence, les matérialistes l'expliquent, avec Darwin, par le *stuggle for life* et par la sélection naturelle.

Chez l'homme et chez tout être vivant, il y a effort ou tendance vers la vie, harmonie entre les organes et adaptation à des fonctions complexes.

Tout se passe comme si Dieu ou la Nature avait voulu la vie.

Sully-Prudhomme et Charles Richet ont échangé sur le *problème des causes finales* une très intéressante correspondance qu'ils ont publiée en 1902.

D'après Bergson, « *la théorie des causes finales ne va pas assez loin quand elle se borne à mettre l'intelligence dans la nature et elle va trop loin quand elle suppose une préexistence de l'avenir dans le présent sous forme d'idée* ».

Toutes les religions admettent l'existence de Dieu et l'immortalité de l'âme humaine. Ces deux hypothèses sortent des limites de l'horizon de la science, et elle est également impuissante, selon nous, à les confirmer ou à les nier.

Les religions prétendent que l'omnipotence divine accomplit, sous le nom de *miracles*, des phénomènes paraissant contraires à la science : communication sans moyen physique entre les vivants, guérison de malades sans le secours de la médecine, résurrection des morts, apparition des morts devant les vivants et échange de paroles entre les morts et les vivants....

« *Les miracles* », dit Saint Augustin, « *ne sont pas en contradiction avec les lois de la nature, mais avec ce que nous savons de ces lois.* » A leur égard, la science n'a le droit de se prononcer que quand elle constate une supercherie qui leur a donné naissance.

Il se passe notamment des miracles à Lourdes, à la Mecque et sur les bords du Gange.

Mrs Eddy prétend avoir découvert le pouvoir guérisseur de la « vérité » et *the Christian Science publishing Société* énumère à Boston de nombreuses guérisons miraculeuses attribuées à la religion protestante.

Les religions comprennent un certain nombre de mystères paraissant contraires à la science, « *mais qui dit mystère ne dit pas proposition contradictoire* » (¹).

A propos des mystères, les croyants disent avec Tertullien : « *Credo quia absurdum* » (²), phrase mémorable dont Pascal a donné la magnifique paraphrase bien connue : « *Humiliez-vous, raison impuissante; taisez-vous, nature imbécile..., écoutez Dieu.* » Le cardinal Billot a dit de même le 27 décembre 1911 dans une lettre (³) à l'archevêque de Chambéry : « *Et maintenant, que l'orgueil humain se taise ! Ceux qui tiennent entre leurs mains les destinées de l'Eglise de France ont consommé depuis peu le sacrifice qui plaît au ciel : je veux dire celui de l'intelligence.* »

(¹) L'abbé Th. Moreux, *Que deviendrons-nous après la mort ?* (1914).

(²) Nous proposons de traduire *absurdum* par *inconnaissable* et *extrascientifique*.

(³) Nous croyons savoir que l'authenticité de cette lettre a été contestée.

Il est vrai que les athées traduisent irrévérencieusement ainsi la phrase de TERTULLIEN : « *C'est vrai, parce que c'est faux.* »

L'Église a eu le tort, en 1431, de se mettre au service des Anglais et de brûler JEANNE D'ARC comme relapse. Il est vrai qu'elle a abjuré cette erreur en refaisant le procès, en béatifiant et en canonisant sa victime.

Il y a aussi à sa charge de nombreux faits d'intolérance : la Saint-Barthélemy, les Dragonnades, l'Inquisition..., le tout en opposition avec la morale du CHRIST. Comme le dit W. JAMES, la piété n'est pas responsable des crimes atroces qu'on a commis en son nom.

La religion a empiété sur le domaine de la science, par exemple quand elle a expliqué la création du monde en mêlant l'erreur à la vérité. La Genèse a raison de déclarer que la lumière a été créée avant le Soleil, mais elle n'est pas d'accord avec la Géologie. Grâce à l'élasticité de son texte, divers interprétateurs ont pu l'en rapprocher.

Certains prêtres ont eu le tort d'oublier les préceptes de morale, qui sont le plus bel ornement de la religion chrétienne, et de persécuter des savants qui émettaient pour la première fois des opinions contraires, au moins en apparence, aux Livres sacrés. En 1633, l'Inquisition condamna GALILÉE à une détention perpétuelle et lui fit prononcer l'abjuration suivante dans la chapelle du couvent de Sainte-Minerve : « *Moi, Galilée, dans la 70e année de mon âge, prisonnier, à genoux, la main sur les saints Évangiles, j'abjure, je maudis et je déteste l'erreur et l'hérésie du mouvement de la terre.* » Il ajouta à demi-voix : « *Et pourtant elle se meut !* » Drame célèbre de la pensée humaine !

Si la religion est, à divers points de vue, l'ennemie de la science, elle est en même temps son auxiliaire. Ses prêtres ont, en effet, toujours eu une instruction scientifique et, surtout littéraire, supérieure à la moyenne de leurs contemporains. Cette supériorité tient surtout à ce qu'ils vivent, en général, à l'abri des soucis et des passions des gens du monde.

Des prêtres vont porter la religion chrétienne aux hommes les moins civilisés, et exécutent, dans ce but, de périlleux voyages dont la science tire parfois le plus grand profit.

Beaucoup d'entre eux remplissent les modestes mais très utiles fonctions d'instituteurs des enfants.

Au moyen âge, quand l'ignorance régnait partout en maîtresse, eux seuls ont, comme de nouvelles vestales, maintenu allumé dans leurs églises et dans leurs monastères, le flambeau des lettres et des sciences, et ils ont rendu ainsi au monde civilisé un immense service, dont il doit leur être profondément reconnaissant.

La religion a l'avantage indiscutable d'aider les hommes à supporter une existence malheureuse, en se conformant aux règles d'une morale, qu'elle leur présente comme l'obéissance aux ordres de Dieu. Elle leur promet, suivant qu'ils lui obéissent ou non, une récompense ou une punition d'une durée infinie après la mort.

La morale du christianisme est, de l'aveu universel, la plus belle de toutes les morales : elle a, la première, ordonné la charité.

Qu'il soit, comme le croient ses fidèles, une des personnes, un des aspects de la Divinité, ou qu'il n'ait été, comme le pensent les infidèles, que le meilleur des hommes, Jésus-Christ a eu l'immense mérite de prononcer le discours sur la montagne et d'ajouter au principe de justice : « *Ne fais pas à autrui ce que tu ne voudrais pas qu'on te fît à toi-même* », le précepte de charité : « *Fais à autrui ce que tu voudrais qu'on te fît à toi-même.* »

« *Toutes les perfections s'unissaient en lui pour former un type de pureté idéale, d'ineffable bonté* (¹). »

Depuis 19 siècles, combien de catholiques, d'orthodoxes et de protestants lui ont emprunté les règles d'une conduite honnête, le courage de supporter les malheurs de la vie

---

(¹) L. Denis, *Après la mort.*

et de la mort et l'espoir d'une récompense ultérieure !

Un disciple de JÉSUS-CHRIST, Saint MATTHIEU, a dit excellemment : « *Aimez vos ennemis, faites du bien à ceux qui vous haïssent, priez pour ceux qui vous persécutent et vous calomnient.* »

Pour prendre, entre mille, un exemple de charité chrétienne, quel zèle et quel dévouement a manifestés l'évêque BELZUNCE pendant la peste de Marseille en 1720-1721 ! Il parcourait les rues, déterminait les habitants aux plus généreux sacrifices, portait de toutes parts les secours spirituels et temporels, encourageait par son exemple plus encore que par ses discours.

« *Il est possible* », a-t-il dit, « *de se créer du bonheur en s'efforçant d'en donner à son prochain.* »

Certains savants, sans croire aux dogmes, s'efforcent néanmoins à conserver ces illusions aux hommes qui les ont et de les donner à ceux qui ne les ont pas. Ils font tout leur possible pour se donner à eux-mêmes l'illusion et les avantages de la foi. Ces capitulations de conscience sont un des épisodes de la lutte parfois si poignante de la raison et du sentiment. Nous ne trouvons pas d'autre mot que celui d'hypocrisie pour définir la conduite de personnes qui travestissent ainsi leurs propres opinions, mais quand l'hypocrisie a un motif aussi noble, elle nous paraît très respectable.

Peut-être PASCAL lui-même, donnant aux incrédules de son temps, dans le Chapitre X des *Pensées*, le conseil de prendre de l'eau bénite et de faire dire des messes, pour s'abêtir et s'amener à croire, était-il au nombre des savants, dont nous venons de parler ? Cette interprétation est peut-être paradoxale, mais quel est celui qui a compris toutes les *Pensées* de PASCAL ?

Cet effrayant génie, NEWTON, le Père SECCHI, le Père GRATRY, PASTEUR, nos excellents amis: l'abbé DOUVAIN (¹),

---

(¹) Mort curé de Notre-Dame-de-Grâce, à Passy, après avoir été notre aumônier au collège Chaptal, où il nous a donné des principes religieux, qui malheureusement ne sont pas demeurés intacts depuis lors.

Mgr FRANCQUEVILLE (¹) et G. LECHALAS, inspecteur général honoraire des Ponts et Chaussées, et tant d'autres, ont été à la fois des savants et des modèles de piété. Parmi les vivants, nous en dirons autant de l'abbé TH. MOREUX et de nos amis G. ONOFRIO, professeur aux facultés catholiques de Lyon, Mgr LACROIX et L. ELBÉ.

Il nous paraît résulter de la citation, que nous avons faite des *Pensées*, que, pour beaucoup de personnes qui ont le grand bonheur de croire, la foi résulte de l'habitude, de l'éducation ou de l'atavisme. Nous leur souhaitons de tout cœur de conserver leur foi et de la transmettre inébranlée à leurs descendants.

Tout notre mépris pour les hommes qui, comme le « Tartuffe », modelé par MOLIÈRE en 1664, simulent des sentiments religieux pour en tirer un bénéfice quelconque, mais tout notre respect pour ceux qui les possèdent avec sincérité et désintéressement.

La science est et doit rester étrangère à la religion. Elle ne doit ni la soutenir ni la combattre, mais concourir avec elle à satisfaire la curiosité naturelle à l'homme. Il y a là pour elle un état d'équilibre très difficile à conserver.

« *La religion sans preuves et la science sans idéal se défient, s'étreignent, se combattent, sans pouvoir se vaincre, car chacune d'elles répond à un besoin impérieux de l'homme, l'une parlant à son cœur, l'autre s'adressant à son esprit et à sa raison* (²). »

JOSEPH DE MAISTRE appela, prédit, prophétisa « *le temps où l'affinité naturelle de la science et de la religion les réunirait dans un seul homme* ».

A propos de la réception de CAPUS à l'Académie française, SAVARIT s'exprime ainsi dans *l'Echo de Paris* du 29 juin 1917 : « *Foi et science ont chacune leur domaine.*

(¹) Mort évêque de Rodez, après avoir été notre directeur à l'Académie d'Amiens.

(²) L. DENIS, *Après la mort.*

D'ailleurs la science vit beaucoup moins de vérités, comme certains le croient, que d'hypothèses variables et successives. Il ne peut y avoir de conclusion aux débats entre la science et la religion, qui sont deux vrais besoins de l'homme et qui devraient rester unies. »

Puissent les savants et les prêtres, suivant l'admirable conseil donné par le cardinal MATHIEU dans son discours de réception à l'Académie française, « *sauver le monde par l'union intense de la science et de la charité* ».

Le magnifique sermon prononcé à la Madeleine le 10 décembre 1917 par l'abbé SERTILLANGES a été un heureux présage de cette union sacrée.

Dans sa lettre du 29 décembre 1917, le cardinal MAURIN, archevêque de Lyon, invite à la prière, à la charité et au sacrifice « *pour donner un nouveau gage à l'union sacrée qu'il veut forte et durable* ».

Nous ne voulons pas clore ce Chapitre sans analyser sommairement quelques beaux Ouvrages qui, entre beaucoup d'autres, ont examiné l'idée de Dieu.

En 1854, A. GRATRY, déjà cité au précédent Chapitre, a publié la seconde édition de *La Connaissance de Dieu* (2 vol.).

Il expose d'abord la théodicée de PLATON, d'ARISTOTE, de saint AUGUSTIN, de Saint THOMAS-D'AQUIN, de DESCARTES, de PASCAL, de MALEBRANCHE, de FÉNELON, de PETAU, de THOMASSIN, de BOSSUET et de LEIBNIZ.

Il parle des attributs de Dieu.

Il lui applique le calcul infinitésimal et il critique la façon dont les athées utilisent cette méthode. L'introduction des mathématiques dans l'espèce nous paraît abusive et, en tout cas, l'existence de Dieu, au point de vue de la raison, nous semble représentée par la formule de l'indétermination.

« *Tout est* », pour le R. P. GRATRY, « *démonstration de l'existence de Dieu : le Ciel, la Terre, le Nuit, le Jour, la plus petite des créatures et le plus faible des mouvements montrent Dieu et racontent sa gloire.* »

Il allègue que la raison donne tantôt la sophistique, tantôt la philosophie sans foi, tantôt la philosophie chrétienne.

Il donne de grands détails sur les rapports de la raison et de la foi.

Les 183 pages qu'il consacre à ce difficile problème constituent, à notre avis, la partie la plus intéressante de son Ouvrage. Avec ARISTOTE, il « *nomme* foi *l'adhésion de l'esprit à l'évidence et aux premiers principes indémontrables* ».

Il termine par un résumé de la foi catholique, qui est exclusivement l'œuvre d'un prêtre.

Comme dit CARO dans un livre que nous allons analyser, le R. P. GRATRY « *nous lance avec lui, étonnés un peu, parfois tremblants, mais non sans un certain charme, dans l'effroi même* ».

E. CARO a publié en 1878 la 6ᵉ édition de « *L'idée de Dieu et ses nouveaux critiques* ».

Il expose les principes de la philosophie spiritualiste qui ont pour objet l'âme et sa fin, Dieu et son action sur le monde, et il s'efforce de montrer leur accord avec les données de la science.

Le principal attrait de ce livre est l'analyse qu'il donne de nombreux travaux de philosophie :

KANT, *Critique de la raison pure;*
HEGEL, *Histoire de la philosophie* ([1]);
RENAN, *Vie de Jésus;*
TAINE, *Histoire de la littérature anglaise;*
VACHEROT, *La métaphysique et la science;*

([1]) Il a proclamé ce célèbre paradoxe : « *Sein und nichts ist dasselbe* (l'Être, c'est le Néant) ! » C'est véritablement « *Kolossal und eiffel-thurmial!* »

Reynaud, *Terre et ciel* (¹);
Lambert, *Systèmes du monde moral;*
Etc.

Il conclut que « *Dieu est à la fois parfait et infini, idéal et réel, universel et personnel* », que « *Dieu est la première cause, l'Être des êtres, suprêmement intelligent* », que « *Dieu est le principe de la réalité de l'Être cosmique, la loi de l'organisme, le principe de l'énergie plastique qui se révèle dans le corps et qui en dispose les parties dans un but commun, la formule vivante de chaque type, retenant la vie dans les cadres invariables de l'espèce, l'empêchant de se disperser dans l'inutile, la force occulte et toujours agissante de la nature, imprimant à la masse confuse des choses le mouvement qui les ordonne et les distribue* », que « *Dieu est le modèle parfait de l'âme humaine, l'intelligence suprême en acte éternel qu'imite l'âme dans l'acte contingent qui la constitue* ».

Ces mots sont une musique entraînante, mais qu'y a-t-il de vrai au fond ? Caro reconnaît que la définition qu'il donne de Dieu semblera « *abstraite* » à plusieurs personnes.

Il ajoute que « *le Dieu vivant, le Dieu intelligent est aussi le Dieu aimant* ».

Son livre se résume dans cette belle invocation : « *Dieu, la liberté, l'immortalité, triple et incomparable corollaire du devoir !* »

Comme nous l'avons relaté au Chapitre VI, une seconde édition a paru en 1903, après la mort de Coste, avec une préface de Worms de son livre ayant pour titre: « *Dieu et l'âme, essai d'idéalisme expérimental.* »

Coste est panthéiste et pour lui, comme dit Worms, « *Dieu c'est l'univers avec l'ensemble des êtres qu'il contient; la Providence c'est le génie humain réalisant peu à peu dans la Société l'ordre et la lumière, la justice et la liberté.*

(¹) *Voir précédent Chapitre.*

Il remplace Dieu par la nature impersonnelle et la Providence par la puissance sociale.

Son Ouvrage se termine par un résumé et par la critique de la doctrine spiritualiste de VICTOR COUSIN.

Reproduisant des conférences faites à Édimbourg, WILLIAM JAMES, professeur de psychologie à l'Université Harvard, correspondant de l'Institut de France, a fait paraître en 1902 *The varieties of religious experiences.*

FRANK ABAUZIT, professeur de philosophie au lycée d'Alais, l'a traduit en 1905 sous ce titre : *L'expérience religieuse, essai de psychologie descriptive.*

Il a donné une seconde édition en 1908.

ÉMILE BOUTROUX, professeur d'Histoire de la philosophie moderne à la Sorbonne, a écrit la préface.

Tant dans le texte original que dans la traduction française, cet Ouvrage a obtenu un immense succès.

Il nous enseigne beaucoup d'indulgence, d'humilité et de largeur d'esprit.

Divers auteurs ont étudié les religions aux points de vue théologique, philosophique, historique ou physiologique. W. JAMES a décrit des phénomènes psychologiques qu'elles produisent et paraît avoir réservé pour un livre ultérieur l'explication philosophique de ces phénomènes.

Il entend par religion « *les impressions, les sentiments et les actes de l'individu pris isolément pour autant qu'il se considère comme en rapport avec ce qui lui apparaît comme divin* ».

« *La religion,* » dit-il, « *nous rend aisés des sacrifices inévitables et nous y fait même trouver le bonheur.* »

La disposition religieuse de l'âme consiste, d'après lui, à croire qu'il existe un ordre de choses invisible et à s'y adapter harmonieusement. Le Dieu de l'âme religieuse est un Dieu personnel capable d'entrer en relation avec nous.

Il dit avec raison que « *nous ne devons mettre sur le compte de la piété aucun des crimes atroces que l'on a commis et que l'on commet encore en son nom »* et que *« les plus beaux élans de charité, de dévouement, de confiance et de courage ont été inspirés par un idéal religieux »*.

Sa conclusion, qui le classe comme spirite panthéiste, est la suivante : *« Le Moi conscient ne fait qu'un avec un Moi plus grand d'où lui vient la délivrance. »*

Le même auteur a publié un autre livre, qui a paru en 1916, traduit en français par L. Moulin sous ce titre : *La volonté de croire.*

C'est un mélange de réflexions sur la philosophie, la morale, la religion et le spiritisme. Voici le résumé de la table des matières :

La volonté de croire. La vie vaut-elle d'être vécue ? Le sentiment de rationalité. L'action réflexe et le théisme. Le dilemme du déterminisme. Les moralistes et la vie morale. Les grands hommes et leur milieu. De l'importance de l'individu. De quelques points de la philosophie hégélienne. Les recherches psychiques et leurs résultats.

W. James cite ce conseil de von Helmholtz : *« Hier g.lt nür der eine Rath : vertraüe ünd handle »* (un seul conseil vaut ici : crois et agis).

En 1912, E. de Cyon, physiologiste, polyglotte, chrétien et métaphysicien (quoi qu'il en dise), à qui l'Académie des Sciences de Paris avait décerné, dès 1867, le prix Montyon de physiologie expérimentale, a examiné l'idée de Dieu au point de vue scientifique dans un volume ayant pour titre : *Dieu et science, Essai de psychologie des sciences* (2ᵉ édition).

Il ne donne pas, à proprement parler, de démonstration scientifique de l'existence de Dieu.

Il respecte Leibniz et Boutroux, mais il attaque avec violence d'autres philosophes : Kant, Hegel, Schelling, Buchner, auquel nous consacrons le Chapitre XVI, H. Poincaré, et même Victor Cousin auquel il reproche son éclectisme, pour lequel nous l'admirons.

Il allègue qu'Auguste Comte, auquel nous consacrons le Chapitre XVII, aurait été atteint d'aliénation mentale (1) et de mœurs privées déplorables. En vérité cela importe peu.

Il condamne sévèrement, comme nous le rappellerons au Chapitre XIX, « *les aberrations théosophiques, le charlatanisme des spirites et les superstitions de l'hypnotisme* ».

Sur l'espace et sur le temps, de Cyon expose des théories nouvelles que nous avons résumées aux Chapitres I et II.

Avec Saint Paul et Saint Augustin, il distingue dans l'homme, le corps, l'âme et l'esprit. Il a publié en 1909, dans les *Archives de Pflüger* « *Leib, Seele und Geist* », dans lequel il a séparé les fonctions psychiques de tout processus et de tout produit de l'esprit. L'immortalité de l'esprit humain ou de son âme spirituelle lui est prouvée « *par les témoignages tangibles des trésors accumulés dans les musées et les bibliothèques au cours de toute l'histoire des peuples civilisés* ». Il abandonne dédaigneusement aux métaphysiciens la question de savoir si l'esprit est ou non substantiel.

Il s'étend sur le rôle qu'il attribue à l'hypophyse, glande vasculaire du cerveau, autorégulatrice de la pression sanguine intracranienne et, d'après lui, siège de l'âme vitale, et sur ses relations avec la glande pinéale, petit corps ovale au-devant du cerveau, où, d'après Descartes, le corps et l'esprit seraient en rapport (2).

En biologie, il combat Erasme Darwin, Lamarck,

---

(1) Ce qui ne l'aurait pas empêché, d'ailleurs, d'avoir du génie.

Blaise Pascal, le grand philosophe, le savant physicien et géomètre, a peut-être eu une légère maladie mentale,

le Dr G. Le Bon considère comme des demi-aliénés Pierre l'Ermite et Luther,

Guy de Maupassant était visiblement aliéné quand il a écrit *Le Horla*....

Il n'y a pas un seul homme au monde qui puisse se vanter d'avoir un cerveau intégralement sain.

(2) Voir *Comptes rendus de l'Académie des Sciences*, 22 avril 1907.

CHARLES DARWIN et HAECKEL ([1]), et il se déclare, avec LINNÉ et CUVIER, partisan de la fixité, de la constance des espèces et de la théorie créatiste.

Il est chrétien avec beaucoup d'illustres savants qu'il énumère dans la dernière partie de son livre.

Il rappelle une lettre ouverte à PAUL BERT, qu'il a publiée le 21 septembre 1881 dans le *Gaulois* au sujet de la guerre à Dieu et de la morale laïque. Cette lettre résume à la fois la lutte entre deux physiologistes rivaux et entre deux philosophies opposées.

En 1912, E. SCHURÉ ([2]) a publié *Les grands Initiés, esquisse de l'histoire secrète des religions : Rama, Krishna, Hermès, Moïse, Orphée, Pythagore, Platon, Jésus.*

Il débute par cette phrase de CLAUDE BERNARD : « *Je suis persuadé qu'un jour viendra où le physiologiste, le poète et le philosophe parleront la même langue et s'entendront tous.* »

Avec une merveilleuse érudition, il relate l'histoire plus ou moins légendaire de huit des plus grands parmi les fondateurs de religions, et il montre entre leurs doctrines de nombreux traits de ressemblance ou de filiation.

Il commente d'une façon extrêmement intéressante les livres saints qu'ils ont écrits.

Il y découvre des prodromes de la science moderne et des doctrines spirites.

Il termine en souhaitant la réconciliation de la Science et de la Religion et la transformation des religions monothéistes (Brahmanisme, Bouddhisme, Judaïsme, Christianisme, Islamisme) dans le sens ésotérique, c'est-à-dire dans le sens des doctrines secrètes réservées aux seuls initiés.

Nous allons encore dire deux mots d'un livre consacré à

([1]) *Voir* Chapitre XVI.

([2]) Lauréat en 1917 du prix LASSERRE pour son œuvre considérable « où la pensée la plus élevée s'allie au sens des réalités les plus douloureuses ».

un judicieux examen des *opinions et croyances* analysées dans ce Chapitre et dans les Chapitres VI et XIX.

Dans ce Volume, dont le 10e mille a paru en 1917, le Dr G. Le Bon expose que généralement les croyants sont intolérants et d'autant plus que leur foi est plus forte, que nul sacrifice ne leur coûte pour défendre et propager leur foi et qu'ils disent avec Saint Thomas que *« l'hérésie est un péché pour lequel on mérite d'être exclu du monde par la mort »*.

Résolument déterministe, le Dr G. Le Bon proclame que *« tous les phénomènes sont déterminés par des lois rigoureuses et non par les volontés d'êtres supérieurs »*. Malgré sa très haute autorité, nous regardons comme plausible l'hypothèse de l'existence, de la spiritualité et de la liberté des âmes cellulaires et de l'action hypnotisante qu'elles exercent les unes sur les autres. Nous avons examiné cette question dans le précédent Chapitre et nous l'avons résolue de notre mieux.

Il considère les miracles comme des hallucinations créées par notre esprit. Peut-être a-t-il raison sur ce point. Nous regardons comme très probable le rôle prépondérant que jouent à Lourdes, à la Mecque, sur le bord du Gange... l'hypnotisme, la suggestion et l'autosuggestion.

Il constate que les croyances sont *« inconscientes et formées sous l'influence d'éléments mystiques et affectifs indépendants de la raison et de la volonté »* et il expose magistralement le rôle que jouent sur l'inconscient *« le prestige, l'affirmation, la répétition, la suggestion et la contagion »*.

Il conclut que *« dans l'état actuel de nos connaissances, trois ordres de vérités nous guident : les vérités affectives, les vérités mystiques, les vérités rationnelles. Issues de logiques différentes, elles n'ont pas de commune mesure.... Science et croyance, raison et sentiment appartiennent à des domaines impuissants à se pénétrer, puisqu'on n'y parle pas la même langue »*.

Cette façon détournée d'aboutir à la tolérance religieuse nous paraît éminemment intéressante.

CHAPITRE VIII.

L'UNIVERS.

L'univers est situé dans l'espace à trois dimensions et son histoire se déroule dans le temps à une dimension.

C'est une erreur profonde et très répandue de croire que l'on conçoit facilement l'espace et le temps.

Nous avons essayé dans les Chapitres I et II d'exposer ce que nous pensons de ces deux notions très délicates.

Nous avons vu que divers savants attribuent à l'espace une ou plusieurs dimensions au delà de la troisième et que Boucher attribue au temps une dimension au delà de la première.

Les dimensions de l'espace et celles du temps sont analogues, mais non assimilables.

Nous avons dit au Chapitre I que notre vue, armée des plus forts télescopes, ne va pas plus loin que 100 quintillions de mètres ou peut-être même que 800 quatrillions de mètres. Qu'est-ce qu'une sphère de ce rayon par rapport à l'infini ? Un infiniment petit.

L'éther emplit certainement cette portion infinitésimale de l'espace.

Nous ignorons absolument s'il remplit la totalité de l'espace.

Des tourbillons stables, des vortices de l'éther constituent des atomes.

Des atomes satisfaisant réciproquement leurs atomicités constituent des molécules.

Des molécules se groupant ensemble par l'attraction

qu'elles exercent les unes sur les autres constituent des corps,

solides quand elles restent chacune près de sa position d'équilibre,

liquides quand elles glissent les unes sur les autres sans jamais sortir de leur sphère d'activité réciproque,

gazeux quand elles sont habituellement hors· de leur sphère d'activité réciproque et qu'elles n'y passent que pendant un temps très court,

ultragazeux quand elles ne passent presque jamais dans leur sphère d'activité réciproque.

Des corps groupés entre eux, presque jusqu'au contact, par l'attraction qu'ils exercent les uns sur les autres constituent un astre.

Des astres groupés entre eux par leur attraction réciproque forment un *système stellaire.*

Un système stellaire comprend un ou plusieurs astres gros et encore chauds, émettant une lumière blanche ou diversement colorée, et un ou plusieurs astres petits et déjà éteints formant écrans devant les premiers.

Notre système solaire fait partie de la voie lactée, nébuleuse qui a, peut-être, 3oo quintillions de mètres (3.10^{30}) de longueur.

En résumé, nous avons la série croissante : particule d'électricité, atome de matière, molécule de matière, corps, astre, système stellaire, voie lactée, univers, etc.

L'astre qui a pour nous le plus grand intérêt, en dépit de ses dimensions restreintes, est notre *Terre.* Sa masse n'est que de 6oo septillions de grammes. Elle a sensiblement la forme d'une sphère de 6 à 7 mégamètres de rayon.

C'est une goutte de fer carburé liquide, entourée successivement de couches minces et même discontinues, présentant la composition chimique approximative et l'état physique suivant :

1° silicate de fer, d'alumine et de chaux liquides;

2° les mêmes solides;

3° carbonate de chaux solide;

4° eau liquide;

5° eau solide;

6° azote, oxygène, eau et acide carbonique gazeux.

L'épaisseur de l'atmosphère n'est pas exactement connue.

Elle serait de 12^{km} si toutes les molécules avaient une vitesse égale à la vitesse moyenne et si elles ne passaient jamais dans leur sphère d'activité réciproque.

Lancé à Pavie en 1913 par PÉRICLÈS GAMBA, un ballon sonde a atteint l'altitude de 37^{km}, 700^{m} et est retombé à 150^{km} de son point de départ.

Depuis l'altitude de 12^{km},385^{m}, la température a paru stationnaire ou même légèrement croissante.

A l'altitude de 19^{km}, 730, elle a été de —56°,7.

A l'altitude de 37^{km}, 700, elle a été de —55°,5 et la pression barométrique a été de 3^{mm} de mercure.

Les obus lancés sur Paris en 1918, de 120^{km} de distance, montaient à environ 25^{km} (ou peut-être à 35^{km}) de hauteur et ils éprouvaient de la part de l'air une très faible résistance dans la plus grande partie de leur parcours.

BRAVAIS a donné à l'atmosphère une épaisseur de 100^{km} à 200^{km} d'après l'observation des couches supérieures éclairées pendant le crépuscule.

SCHIAPARELLI a constaté qu'à 800^{km}, la densité de l'atmosphère était encore suffisante pour porter à l'incandescence, par le choc de ses molécules, les aérolithes qui la traversent.

Comme nous l'avons dit en 1884 ([1]), il ne serait pas impossible qu'il existât dans les hautes régions de l'atmosphère des nuages légers et des pluies d'acide carbonique, d'oxygène et d'azote.

([1]) *Comptes rendus de l'Académie des Sciences.*

Dans l'eau liquide et dans l'air, qui constituent la quatrième et la sixième couche de notre planète, vivent en quantité innombrable des êtres animés, définis, d'après le Dr Decès, par les trois caractères suivants : la transmutation incessante de leurs éléments constituants, la sensibilité dont ils sont doués et la mobilité que tous possèdent, et par suite les mouvements spontanés qu'on observe chez tous.

Dans la couche aquifère, sur la surface des roches solides émergées, et dans l'atmosphère gazeuse, Barbusse compte environ (1), à part les hommes, des représentants de 120 000 espèces végétales et de 300 000 espèces animales.

Ces êtres sont formés par des réunions de cellules : « *Pour nous* » dit Du Bois-Raymond, « *chaque organisme est une agrégation d'individus plus ou moins nombreux, dont les propriétés particulières reproduisent en petit les propriétés du tout organique qu'elles constituent, qui se nourrissent, se transforment et se propagent d'une manière indépendante, et qui, par la somme de leurs modifications normales, effectuent la modification de l'organisme lui-même.* »

Une *cellule* est formée d'une enveloppe généralement solide, contenant un *protoplasma* liquide, au sein duquel est un *noyau* solide. Les forces qui s'exercent entre les molécules d'une cellule développent ou absorbent une quantité plus ou moins grande de travail. Dans le premier cas, la *force vitale* qui anime la cellule, son *âme* ou son principe *psychique* dispose d'une certaine quantité de travail positif qu'elle applique à son gré en se mouvant elle-même ou en déplaçant les objets qui l'environnent. *Elle est entièrement libre de se déterminer même sans autre motif que son caprice.*

Un certain nombre de cellules qui se groupent constituent un *être animé* par l'ensemble des âmes des cellules.

Normalement, une cellule nouvelle provient toujours du

---

(1) *L'Enfer.*

fractionnement d'une autre cellule, ce qu'on exprime par l'une des deux formules :

Omne vivens ex vivo

ou

Omne vivens ex ovo (HARVEY).

Les êtres inférieurs dérivent de même du fractionnement d'êtres semblables à eux. La *fécondation* qui accompagne ce dédoublement chez les êtres supérieurs est une fusion complète entre une cellule mâle automobile et une cellule femelle. Ces deux cellules sont émises par un seul et même être dans le cas des hermaphrodites et par deux êtres distincts, à peu près semblables entre eux, sauf quant aux organes qui émettent ces cellules, dans le cas des êtres sexués. La *fertilité* réciproque habituelle est le signe de l'identité d'espèce de deux individus de sexe différent ; la fertilité habituelle avec un même être caractérise l'identité d'espèce de deux individus du même sexe. Les espèces voisines donnent des métis. Ceux de l'âne et du cheval sont inféconds dès la première ou la seconde génération ; ceux du chien et du loup dès la seconde ou la troisième. Nous reviendrons, au Chapitre XIII, sur l'espèce humaine, la plus parfaite de celles qui vivent actuellement sur la terre.

Comme on le voit, nous sommes un partisan résolu de la théorie transformiste, fondée par LAMARCK et par DARWIN, d'après laquelle tout être vivant a toujours eu des parents à peu près semblables à lui, et un adversaire convaincu de la théorie créatiste, d'après laquelle Dieu aurait créé de toutes pièces le premier couple de chaque espèce vivante.

Tout ce que dit la théorie transformiste n'est pas démontré, et elle a contre elle d'éminents physiologistes : LINNÉ, CUVIER, AGASSIZ, DE BLAINVILLE, DE CYON, etc.

Les êtres animés qui vivent sur la terre appartiennent à deux règnes qui concourent harmonieusement à la subsistance l'un de l'autre. Pour ne citer que les principales réactions, dont ils sont le siège, les végétaux consomment de l'acide carbonique et de la vapeur d'eau et produisent de la cellulose par une réaction endothermique ([1]) à la faveur de la lumière solaire; les animaux herbivores mangent de la cellulose, absorbent de l'oxygène et les transforment par une réaction exothermique ([2]), qui leur permet de se mouvoir, en acide carbonique et en vapeur d'eau qu'ils exhalent; les animaux carnivores mangent et s'assimilent des animaux herbivores et se comportent d'ailleurs comme eux.

« *Le règne animal tout entier a un besoin absolu du règne végétal pour la subsistance, car les herbivores préparent l'aliment nécessaire aux carnivores* (AGASSIZ). »

Nous avons indiqué avec plus de détails, dans *Les sciences expérimentales*, les réactions principales dont sont le siège les végétaux et les animaux.

Nous y avons aussi indiqué les couches superposées que les géologues étudient dans l'écorce solide de la Terre.

Nous reviendrons sur ce point dans les Chapitres X et XI.

Près de notre *Terre* est la *Lune*. Très froide en raison de son petit volume, elle a une température trop basse pour que les matières solides ou liquides qui la composent puissent émettre des vapeurs visibles. Il est possible qu'il y vive encore des êtres analogues à ce que seront nos descendants.

La Lune tourne toujours vers la Terre à peu près la même hémisphère et sur cette face, les astronomes connaissent merveilleusement les montagnes et leurs altitudes.

Pour un observateur placé sur la Lune, la Terre décrit de petits mouvements autour d'un point fixe du ciel, elle

---

([1]) Absorbant des ergs ou des calories.
([2]) Dégageant des ergs ou des calories.

tourne chaque jour autour de la ligne des pôles, elle a des phases concomitantes avec les phases de la Lune et ses glaces polaires s'étendent et diminuent chaque année en sens inverse à ses deux pôles.

Pour cet observateur sélénite, le Soleil est, tour à tour, pendant une demi-lunaison au-dessus de l'horizon et pendant une demi-lunaison au dessous. Pendant qu'il est au-dessus, il échauffe beaucoup la surface de la Lune, en raison de l'absence presque complète d'atmosphère.

La Lune a été, il y a quelques mégannées, dans l'état où se trouve actuellement la Terre et montre à la Terre ce qu'elle est destinée à devenir dans quelques mégannées.

Venus et *Mars* sont des planètes analogues à notre Terre. En observant le passage de Venus devant une étoile, Antoniadi Baldet et Quenisset ont conclu que son atmosphère avait de 80^{km} à 110^{km} d'épaisseur. Lowell a exposé le 6 avril 1910, dans une conférence à la Société astronomique de France, qu'il existe sur Mars un grand nombre de canaux paraissant ouverts par des êtres animés et probablement constitués par des bandes cultivées et irriguées (¹).

Un des satellites de *Saturne* a conservé jusqu'ici la forme annulaire. Se fragmentera-t-il un jour?

Dans le *Soleil*, encore chaud en raison de sa grosseur, les matières volatilisées et dissociées à l'intérieur se combinent près de la surface, où la température est moins élevée, et produisent des corps solides ou liquides qui retombent à l'intérieur et dont l'incandescence nous éclaire.

Si l'on admet que la photosphère est constituée par une substance noire et si l'on admet que, d'après la loi de Wien, la température absolue d'une source noire est inversement proportionnelle à la longueur d'onde des vibrations émises comportant le maximum d'énergie, la température de la

---

(¹) *La planète Mars et ses conditions d'habitabilité*, par C. Flammarion.

photosphère du Soleil est actuellement d'environ 4800°.
Nordmann l'évalue à 5320°.

Cette température diminue pendant que les siècles s'accu-
mulent. Au delà de la photosphère est une atmosphère
moins chaude, mais encore incandescente, dont le diamètre
diminue lentement d'une façon continue.

Au delà est une atmosphère non incandescente, qui constitue la lumière zodiacale.

Il ne serait pas impossible qu'il vécût dans le Soleil des
êtres analogues à ce que furent nos ancêtres. Rappelons à
cet égard les hypothèses de L. Figuier, que nous avons
énoncées sommairement au Chapitre VI.

Tous les astres du système solaire tournent autour du
centre de gravité de ce système et ce centre de gravité
s'approche actuellement de la constellation d'Hercule.

Autour de notre système solaire, nous voyons des étoiles
peut-être jusqu'à environ 100 quintillions de mètres (10^{20} mètres) ou peut-être seulement jusqu'à 800 quatrillions de
mètres (8.10^{17} mètres) de distance.

Nordmann évalue leur température entre 2870° et 40 000°.

Les étoiles les plus chaudes émettent une lumière absolument blanche; notre Soleil émet une lumière jaunâtre; les
étoiles les moins chaudes émettent une lumière rougeâtre et
l'hydrogène, au lieu de rester libre, s'y engage dans diverses
combinaisons.

Un même système stellaire comprend jusqu'à quatre étoiles
lumineuses de couleurs variées et des planètes obscures
qui viennent tour à tour se placer devant les astres lumineux.

Ceci explique la diversité de couleur et l'éclat périodique
des différentes étoiles que nous contemplons toutes les
nuits.

A priori, l'homme ne conçoit pas que la vie soit confinée
sur la terre, mais il n'a encore pu constater indiscutablement aucune de ses manifestations extra-terrestres.

L'univers obéit à peu près aux lois qu'ont successivement découvertes Copernic, Tycho-Brahé, Kepler, Newton, Laplace, etc.

Mais les innombrables cellules, qui forment des animaux et des végétaux sur la terre et très probablement partout dans l'univers, transgressent ces lois et les réduisent à l'état d'approximations.

A tout instant, la volonté d'un homme ou d'un autre être vivant quelconque, grouillant sur la terre ou ailleurs, modifie imperceptiblement la forme et les mouvements de l'astre sur lequel il habite et de tous les autres astres de l'univers (1).

---

(1) Jules Verne, *Sens dessus dessous.*

CHAPITRE IX.

L'UNIVERS EST-IL RÉVERSIBLE?

« *Qu'adviendrait-il, mon cher camarade* », nous demandait, il y a une vingtaine d'années, G. LECHALAS, ingénieur en chef des Ponts et Chaussées, « *si, à un moment donné, la vitesse de tous les points de l'univers changeait de sens, sans changer de direction ni de grandeur ?* »

Nous avons retrouvé la réponse que nous fîmes à cette « colle amusante amicalement poussée » par notre excellent camarade et nous la reproduisons sans changement.

« Les forces qui s'exercent entre deux atomes de matière s'appellent, suivant leur distance, *l'attraction universelle ou la cohésion*. Ces forces satisfont à peu près à la loi de l'égalité de l'action et de la réaction. L'attraction universelle paraît indépendante des vitesses des deux atomes, mais la cohésion ou l'affinité dépend de la température, c'est-à-dire de la grandeur de la vitesse des atomes et peut être aussi de la direction de cette vitesse. Dans l'hypothèse que vous me suggérez, mon cher camarade, les forces qui s'exercent entre deux atomes de matière changeraient très peu, mais nous ne pouvons pas affirmer qu'elles seraient tout à fait invariables.

Les forces qui s'exercent entre deux particules d'éther dépendent de leurs vitesses, probablement suivant les formules de CLAUSIUS. Ces forces changeraient assez peu dans le cas que vous me signalez.

Les forces qui s'exercent entre un atome de matière et une particule d'éther sont mal connues, mais on peut induire de ce qui précède qu'il en serait de même pour elles que pour les forces précédemment étudiées.

En résumé, *le changement de sens des vitesses de tous les points matériels de l'univers modifierait probablement assez peu la grandeur et la direction des forces qui s'exercent entre eux.*

En faisant abstraction de cette légère modification, nous avons le droit de tenir le raisonnement suivant : les points de l'univers se retrouveraient un temps infiniment petit après l'instant considéré dans les positions où ils étaient un temps infiniment petit égal, avant l'instant considéré; ils seront animés de vitesses égales et contraires un temps infiniment petit après l'instant considéré, à celles qu'elles avaient un temps infiniment petit égal avant l'instant considéré; les forces qui s'exercent entre eux reprendront la même valeur.... de proche en proche, l'univers ou au moins l'univers inanimé, repassera en sens inverse par toutes les phases qu'il a traversées depuis l'origine des temps.

Les rivières reflueront de leur embouchure à leur source, les cascades jailliront de façon à rejoindre le bief d'amont, l'eau des sources glaciaires se corgè ra puis cristallisera en neige, remontera dans les nuages et s'é   era pour retourner se condenser vers l'équateur. Les cones d'ébo is reformeront des rochers.

Le principe posé par SADI CARNOT, et d'après lequel la chaleur ne peut passer sans consommation de travail que d'un corps chaud à un corps froid, empêchera désormais la chaleur de passer d'un corps chaud à un corps froid sans absorption de travail.

Le rayonnement calorifique, lumineux et actinique ira des corps froids aux corps chauds d'où il partait précédemment.

La terre se réchauffera sous l'influence du rayonnement des espaces célestes, les océans s'évaporeront et la croûte terrestre se fondra progressivement.

A l'inverse de ce qui se passe actuellement, en vertu de la loi de BERTHELOT, les seules réactions chimiques spontanées seront les réactions endothermiques.

En passant à l'examen des êtres animés, faisons d'abord abstraction de la liberté de toute cellule vivante et supposons avec les matérialistes que tout mouvement d'une cellule végétale ou animale est *déterminé* par des causes extérieures.

Dans ce cas, les êtres vivants rajeunissent, les fruits tombés et pourris se dépourrissent, remontent à l'arbre et redeviennent fleurs..., des vers déposent sur les squelettes des muscles, de la graisse et du sang, les morts sortent de leur tombeau, les enfants retournent dans l'œuf, les œufs rajeunissent, puis se scindent en ovules et en spermatozoïdes..., les hommes perdent leur civilisation et les familles font place aux troupeaux préhistoriques d'hommes polygames et de femmes polyandres, vivant dans les cavernes et chassant, pour se défendre et pour se nourrir, les animaux avec des armes formées d'un caillou taillé emmanché dans une branche de bois, puis ces troupeaux cèdent la place à des animaux identiques aux ancêtres de l'homme, jusqu'aux monades qui sont tuées par l'échauffement de l'eau ou qui cèdent la place à des êtres susceptibles de vivre à de hautes températures.

Tout ceci serait faussé par l'intervention des âmes qui emploient, *à leur gré*, en vue de la conservation et du développement des cellules qu'elles animent, les *ergs* dont elles disposent, et qui sont abondants dans les cellules animales et rares dans les cellules végétales.

Telles seraient, mon cher camarade, sauf erreur de notre part, les conséquences fantastiques, mais approximativement vraies de l'hypothèse que vous nous suggérez. Elles ont été d'ailleurs énoncées avec beaucoup plus de verve que nous n'avons pu le faire nous-même par PHILIPPE BRETON dans *les Mondes* de 1875. Le P. CARBONNELLE a dit sur le même sujet des choses intéressantes.

Et maintenant que faut-il conclure de tout ceci ?

Les lois que nous avons coutume de voir régner, telles que celle de THOMSON sur la diffusion de la chaleur et sur la tendance vers l'équilibre de température et celle de DARWIN sur le perfectionnement progressif et continu des espèces vivantes, ne sont-elles que des lois contingentes, subordonnées au sens des vitesses des points de l'univers ?

Les chrétiens sont-ils dans le vrai en admettant, pour concilier la prescience divine et la liberté humaine, que le temps n'existe pas objectivement et que leur Dieu *voit* simultanément le passé, le présent et le futur ?

Dans votre article « *Le temps, sa nature et sa mesure* », récemment publié par la *Revue philosophique*, vous avez magistralement exposé cette hypothèse que le temps est une subjectivité, fille du principe de causalité et que nous considérons simplement comme postérieur tout événement conséquent.

Les anciens sophistes regardaient comme cause tout événement antérieur et comme effet tout événement postérieur :

Post hoc : ergo propter hoc.

Retournant ce sophisme, vous admettez comme événement antérieur toute cause et comme événement postérieur tout effet :

Post hoc : quia propter hoc.

A ceux qui vous objecteraient que cette hypothèse est contraire au sens commun, vous seriez parfaitement en droit de répondre que l'humanité est composée d'aliénés partiels et que le sens commun n'est que l'opinion de la majorité des hommes.

Pour notre part, nous préférons constater l'inadmissibilité de votre hypothèse, en raison de l'absurdité de ses conséquences.

Il nous paraît impossible qu'à un moment quelconque, les vitesses de tous les points de l'univers changent de sens sans changer de direction ni de grandeur.

Cette conclusion est évidemment étrange, mais nous n'en voyons pas d'autre à vous proposer.

A vous, mon cher camarade, le soin d'apprécier si notre raisonnement est juste ou non. »

Notre aimable correspondant a publié sur ce sujet, en mars 1894, dans la *Revue de Métaphysique et de Morale*, un magistral article, dont la conclusion suivante nous paraît digne d'être retenue :

« *Le mécanisme de l'univers ne suppose qu'une chose, que tous les états successifs soient reliés les uns aux autres par des équations mathématiques, sous réserve du rôle qu'on peut attribuer aux êtres animés. Or, nous avons vu que la réversibilité ne saurait exister que si l'expression des actions mutuelles des divers points matériels ne contient, toutes réductions faites, que les coordonnées de ces points, la seule introduction d'une puissance impaire des vitesses ou dérivées premières de ces coordonnées par rapport au temps ayant pour résultat de faire disparaître la réversibilité.* »

CHAPITRE X.

COSMOGONIE.

OPINIONS DE TURPIN ET D'H. POINCARÉ.

La formation de l'univers est à la fois de la compéténce de l'Astronomie et de la Géologie.

Toute théorie cosmogonique est une extrapolation des observations du Ciel faites par l'humanité pendant quelques siècles. Elle exige le concours de l'imagination, faculté créatrice, et elle est forcément illégitime.

Turpin en 1892 ([1]) et H. Poincaré en 1911 ont passé en revue les principales hypothèses cosmogoniques émises avant eux.

Dans la *Formation des mondes* de Turpin, on trouve successivement :

le récit qui a été fait par Moïse et qui a le grand mérite de placer en tête la création de la lumière ;

les hypothèses de Platon, d'Épicure et de Démocrite ;

l'hypothèse des tourbillons de matière subtile au sein desquels circulent des planètes et qui ont pour centres le Soleil ou des étoiles fixes, hypothèse qui a été émise par

---

([1]) Turpin, qui doit à la découverte de la mélinite et de la panclastite une grande notoriété était, en 1892, à la prison d'Étampes.

Sans nous prononcer sur les causes de sa condamnation, nous lui adressons toutes nos condoléances à ce sujet.

DESCARTES et qui ne méritait par les sarcasmes dont VOL-
TAIRE a essayé de l'accabler;

l'hypothèse de NEWTON;

celle de BUFFON que l'auteur déclare séduisante, un peu
légèrement à notre avis;

celles de KANT, de LAPLACE et de FAYE;

un examen critique de toutes ces théories;

et des vues personnelles intéressantes, mais souvent contestables sur l'éther interstellaire, sur l'énergie, sur la matière radiante, sur les phénomènes physiques (lumière, chaleur, électricité et magnétisme), sur la rotation et la translation des planètes.

Nous nous serions reproché de passer sous silence ce livre
qui, à côté d'assertions douteuses, contient de bonnes idées
et beaucoup de renseignements utiles.

Les hypothèses énumérées par H. POINCARÉ ont été
émises :

par KANT (*Allgemeine Naturgeschichte und Theorie des
Himmels*, 1755; *Der einzig Beweisgrund zu einer Demonstra-
tion des Daseins Gottes*, 1763),

par LAPLACE (*Exposition du système du monde avant* 1796),

par ROCHE (*Essai sur la constitution du système solaire*,
1873),

par sir G.-H. DARWIN (*Proceedings of the royal Society*,
1879 à 1882; *Tidal friction and cosmogony*, 1908),

par de LIGONDÈS (*Formation mécanique du système du
monde*, 1897),

par SCHUSTER (*The Evolution of solar stars*, 1903),

par sir NORMAN LOCKYER (*L'évolution inorganique*, 1905),

par BELOT (*Comptes rendus de l'Académie des Sciences*,
1905 à 1908; *Essai de cosmogonie tourbillonnaire*, 1911),

par H. FAYE (*Sur l'origine du monde*, 1907),

par SEE (*Researches on the Evolution of the stellar Systems*,
1910),

et par Svante Arrhenius (T. Seyrig, traducteur) (*L'Evolution des monde*, 1910).

H. Poincaré discute toutes ces théories et y ajoute de nombreuses idées personnelles.

Il constate « *la vigueur et l'absence de rides* » de la vieille hypothèse, bien connue, de Laplace, et il la résume ainsi : « *Le système solaire est sorti d'une nébuleuse qui s'étendait autrefois au delà de l'orbite de Neptune; cette nébuleuse était animée d'un mouvement de rotation uniforme; elle ne pouvait être homogène; elle était condensée et même fortement condensée vers le centre; elle était formée d'un noyau relativement dense qui est devenu le Soleil, entouré d'une atmosphère d'une ténuité extrême qui a donné naissance aux planètes. Elle se contractait par refroidissement, abandonnant de temps en temps des anneaux nébuleux; ces anneaux étaient instables ou le devenaient promptement; ils devaient donc se rompre et finalement se rassembler en une seule masse sphéroïdale.* »

Nous appelons l'attention du lecteur sur la vérification suivante, évidemment intéressante. Après avoir calculé que la nébuleuse planétaire, mère de Jupiter, a dû avoir un rayon initial inférieur à 440 rayons actuels de Jupiter, H. Poincaré constate que le satellite le plus éloigné connu circule à 357 rayons du centre.

Après un examen très complet des hypothèses successivement émises sur la cosmogonie et un énoncé des questions auxquelles elles ne répondent pas, H. Poincaré termine par un point d'interrogation.

Nous pensons que les nombreuses théories récemment émises permettront de retoucher, de compléter, d'améliorer la vieille hypothèse de Laplace, mais qu'elles ne la renverseront pas.

En présentant à l'Institut ce Livre d'H. Poincaré, qui sera désormais classique pour tout amateur de cosmogonie, Darboux n'a pas hésité à prononcer le mot de chef-d'œuvre.

Comme le rappelle H. Poincaré, Belot a publié en 1911

un *Essai de cosmogonie tourbillonnaire*, qui rénove l'hypothèse de DESCARTES.

Il a fait, le 28 février 1912, au *Groupe parisien de l'X*, une causerie fort intéressante sur sa théorie dualiste de l'origine des mondes et il a présenté à ce sujet, les 4 et 18 mars 1912, deux Notes à l'*Académie des Sciences*. Il est certain que les forces répulsives ont concouru avec l'attraction newtonienne à la formation des mondes.

CHAPITRE XI.
AGE DE LA TERRE.

OPINION D'A. BERGET.

La mesure de l'âge de la Terre, c'est-à-dire du temps qui s'est écoulé depuis la formation des premières roches solides, est un problème ardu, qui a, depuis longtemps, suscité dans de nombreuses voies, les recherches des philosophes, des physiciens et des géologues et qui présente aux hommes un intérêt impérieux et poignant.

L'unité employée pour cette mesure est la mégannée ou le million d'années tropiques actuelles.

La Géologie essaie d'apprécier la succession des phénomènes survenus en chaque point du globe et la concomitance de deux phénomènes survenus en divers points. Celle-ci est difficile à démontrer : les couches qui se déposent simultanément en deux points du globe, même s'ils ne sont séparés que par un isthme comme celui de Suez ou de Panama, n'ont pas la même composition chimique et ne contiennent pas exactement les mêmes êtres vivants. Pastichant une boutade de VOLTAIRE sur l'étymologie, les voyelles et les consonnes, on peut dire que la stratigraphie est une science dans laquelle la composition des terrains n'est rien et où la faune et la flore sont peu de chose.

Plus la terre vieillit, plus sa croûte se ride, plus abondants sont les continents et les îles qui surgissent de la mer, plus rares sont, dans l'atmosphère, l'humidité et l'acide carbonique,

plus variés sont les climats des diverses régions et plus diffé-
renciées sont leurs faunes et leurs flores.

On connaît à peu près l'âge des formations éruptives par
l'âge des sédiments qu'elles ont traversés ou au-dessous
desquels elles se sont arrêtées. Mais il émerge simultanément en divers points du globe des éruptions de compositions chimiques différentes et à des époques différentes des
éruptions de compositions chimiques analogues.

Inhabile à fixer rigoureusement la succession des phénomènes, la Géologie l'est encore bien plus à mesurer leur durée
en années tropiques.

Elle a donné à cet égard des évaluations approximatives,
dont nous allons résumer quelques-unes à peu près dans
l'ordre où elles ont été émises.

Toute extrapolation a forcément des résultats très contestables.

I. Darwin, d'après l'évolution des êtres organisés, a
évalué à 3oo mégannées au moins le temps qui s'est écoulé
depuis la première apparition de la vie sur la terre.

II. Lyell, comparant l'épaisseur des couches sédimentaires à celle de la vase qui se dépose annuellement au fond
des océans et admettant, faute de mieux, la régularité de
formation des sédiments, a trouvé un chiffre analogue pour
le temps qui s'est écoulé depuis la formation des plus anciens sédiments.

Si l'on admet qu'il se dépose annuellement de $\frac{1}{20}$ à $\frac{1}{3}$ de
millimètre de sédiment, les 3o kilomètres d'épaisseur de
sédiments, qui se sont déposés depuis l'époque cambrienne,
ont demandé de 9o à 6oo mégannées.

III. H. Resal a admis en 1888 (^{1}) que les plantes, dont on
retrouve la trace dans le terrain carbonifère supérieur et

(^{1}) *Traité de Physique mathématique.*

qui sont analogues aux plantes tropicales actuelles, ont vécu à une température moyenne de 35°, que la température moyenne de la surface de la Terre est actuellement de 15° et que la durée du refroidissement de 20° a été d'environ 41 400 mégannées, mais il n'attribue lui-même à ce résultat qu'une importance problématique.

IV. Lord KELVIN ([1]), d'après la vitesse de refroidissement de la Terre, a évalué son âge à 20 ou 100 mégannées, depuis que les premiers germes ont pu y vivre.

V. Le rayon de la Terre, qui est actuellement de 6370^{km}, était d'environ 6421^{km} avant que sa surface ne fût plissée. La réduction correspond, si la masse de la Terre a un coefficient de dilatation égal à celui du basalte, à un refroidissement de 300° et à une durée de 2000 mégannées. RUDZKI croit pouvoir affirmer que la Terre se refroidit depuis 3000 mégannées.

VI. On admet que l'érosion pourrait raser la chaîne actuelle des Alpes en 27 mégannées et qu'il lui a fallu beaucoup plus de temps pour raser la chaîne calédonienne et la chaîne hercynienne.

VII. L. RÉMOND a publié ([2]) en 1902 un opuscule ayant pour titre : « 1 200 000 *ans d'humanité et l'âge de la Terre par l'explication de l'évolution périodique des climats, des glaciers et des cours d'eau* »; en 1903, un supplément contenant « *la discussion occasionnée par cet ouvrage, avant et après sa publication et l'explication raisonnée d'une énigme astronomique aussi importante que curieuse, posée à* HERODOTE *par les astronomes égyptiens* »; et, en 1904, un deuxième et dernier supplément contenant « *la suite de la controverse astronomique et géologique occasionnée par cet ouvrage* ». Ces

---

([1]) *Phil. Magaz.*, 1899.
([2]) Librairie Bodin, 5, rue Christine, à Paris.

trois publications résument un énorme travail et contiennent beaucoup d'idées, dont quelques-unes nous paraissent justes. Elles expliquent clairement l'influence qu'exerce l'angle de l'équateur et de l'écliptique, tous deux mobiles, sur les saisons, sur l'étendue des glaciers et sur le débit des sources. Mais peut-être l'auteur s'est-il un peu exagéré l'importance de ses découvertes.

VIII. L'Atlantique semble s'être effondré vers la fin de l'époque miocène. Depuis lors, les glaciers paraissent avbir eu quatre fois un maximum d'extension dans l'hémisphère boréal et un minimum simultané d'extension dans l'hémisphère austral. PENCK a donné à ces quatre périodes les noms de GUNTZ, MINDEL, RISS et WURM. Elles semblent s'être succédé à 259 siècles d'intervalle, durée de la précession des équinoxes.

IX. L'eau de la mer n'est salée que grâce à un lessivage des continents par l'eau pluviale. D'après une communication de JOHN JOLY au Congrès de Géologie de 1900, il aurait fallu de 90 à 100 mégannées pour apporter à l'Océan, dans les conditions actuelles, le sodium qui y est actuellement dissous.

X. Le 10 novembre 1906, le baron G.-A. BLANC a fait à Chambéry une remarquable conférence sur l'âge de la Terre (¹). Il rappelle ces paroles de Lord KELVIN, à propos de l'activité solaire : « *Pour ce qui est du futur, nous pouvons affirmer en toute certitude que les habitants de la Terre ne pourront pas continuer à jouir de la lumière et de la chaleur essentielles à leur existence pendant un grand nombre de millions d'années, à moins que des sources d'énergie encore inconnues aujourd'hui se trouvent emmagasinées dans les grands réservoirs de la création.* » Il ajoute que la découverte récente

---

(¹) *Bulletin de la Société d'Histoire naturelle de Chambéry*, 1906.

de cette merveilleuse forme d'énergie qu'est la radioactivité vient de donner à ces paroles du grand physicien anglais un caractère pour ainsi dire prophétique.

XI. Rutherford, d'après l'étude de la transmutation naturelle des métaux radioactifs, a conclu que 100 tonnes d'uranium donnent en un siècle 1^g,22 de plomb et 0^g,188 d'hélium, et que la *fergusonite* des terrains primitifs de Norvège est âgée de 240 mégannées.

XII. R.-J. Strutt et Wood (^{1}) considèrent que l'uranium et les autres corps radioactifs (thorium, radium, etc.) engendrent spontanément et continûment de l'hélium sous forme de particules α. Strutt appelle *rapport d'hélium* le rapport du nombre de centimètres cubes d'hélium au nombre de grammes d'oxyde d'uranium $U^3 O^8$ que contient un minéral. L'hélium existe dans presque tous les minéraux de la croûte terrestre et sa quantité est du même ordre de grandeur que celle que peuvent encore dégager les autres corps radioactifs présents à côté de lui dans les mêmes minéraux. Une petite fraction de cet hélium est diffusée dans toute la masse du corps et le reste se concentre dans de très petites cavités. Les roches ignées contiennent avec de l'hélium un peu d'argon. Wood a montré qu'on pouvait chasser tout l'hélium des minéraux par la chaleur seule, à la condition d'atteindre 1000° ou 1200°. L'élévation de la température augmente la vitesse de diffusion du gaz dans le minéral, accroît la pression du gaz dans les cavités, provoque des éclatements internes et produit des dilatations inégales qui disloquent le minéral.

S'il est vrai, comme nous le croyons, avec Henri Becquerel, que l'accumulation de l'hélium dans les minéraux résulte de l'émission des particules α par les corps radioactifs qui les constituent, la quantité d'hélium est propor-

---

(^{1}) *Proc. Roy. Soc.*, 1908-1909-1910.

tionnelle à la quantité des corps radioactifs et à l'âge du minéral. Le rapport d'hélium est proportionnel à l'âge du minéral.

STRUTT admet que chaque unité du rapport d'hélium vaut 11 mégannées,

que la sphérosidérite de Niederpleis (Allemagne), appartenant à l'Oligocène et contenant par tonne de minerai 1^{cm^3},65 d'hélium et 2^g,18 de $U^3 O^8$, date de 8,4 mégannées,

et que l'hématite de Saint-Rémy (Calvados), appartenant au Dévonien et contenant par tonne de minerai 98^{cm^3},4 d'hélium et 7^g,43 de $U^3 O^8$, date de 145 mégannées.

Tout l'hélium produit par un minéral n'y séjourne pas. STRUTT, lui-même, a mis en évidence son dégagement partiel. Les gaz, qui se dégagent aux griffons des sources thermales, contiennent souvent de l'hélium en proportion assez considérable.

Le dosage de l'hélium provenant de la désintégration d'un élément radioactif permet de déterminer l'âge d'un minéral. Son inertie chimique, qui jusqu'ici paraît absolue, est une garantie de son inaltérabilité, mais son état gazeux constitue évidemment une cause d'erreur.

En examinant des zircons, contenus dans des roches, STRUTT leur a attribué l'âge suivant, en mégannées :

Sanidinite	Vésuve	Tertiaire	< 0,11
Lave	Eifel	Tertiaire	1,00
Basalte	Auvergne	Tertiaire	6,27
Syénite	Norvège	Post-devonien	54,34
Granite	Caroline	Paléozoïque	147
Roche cristalline (?)	Ceylan	Ancien (?)	218
Roche cristalline (?)	Ceylan	Ancien (?)	286
Terre bleue	Kimberley	Paléozoïque	320
Roche (?)	Ontario	Archéen	622

N'est-il pas amusant de demander l'âge de la Terre à l'hélium découvert d'abord dans la photosphère solaire ?

XIII. H. Poincaré, dans un livre déjà cité (¹), traite aussi la question de l'âge de la Terre. Il discute diverses théories ci-dessus rappelées, notamment celles de Lord Kelvin, de Rudzki, de John Joly, de Strutt et Wood, etc.

Von Helmholtz voyait dans le Soleil une masse fluide qui se contractait, attribuait sa chaleur au travail positif de la gravitation et calculait qu'il n'avait pas pu illuminer la Terre pendant plus de 5o mégannées.

H. Poincaré rappelle ces théories, remarque que Von Helmholtz ignorait le radium qui peut augmenter de beaucoup cette durée et suppose qu'il peut y avoir beaucoup d'autres sources ou réservoirs d'énergie que nous ne pouvons pas encore soupçonner.

XIV. Houllevigue a publié dans le *Temps* du 16 décembre 1911 un article qui se termine par cette spirituelle boutade : « *La nature a pu prendre son temps pour pétrir et pour remanier les espèces vivantes et pour perfectionner son œuvre en passant du trilobite à l'académicien.* » Ajoutons qu'un trilobite ressemble beaucoup plus à un membre de l'Institut qu'à la monère, notre premier ancêtre.

XV. Notre ami, le Dʳ Barillé, pharmacien principal, sans avoir eu connaissance de cet article, en a publié un autre analogue le surlendemain dans le *Petit Marseillais*.

XVI. Jean Bosler, astronome à l'Observatoire de Meudon, a donné en 1912, dans l'*Astronomie*, les observations suivantes sur l'âge de la Terre. L'eau de la mer s'évapore, retombe en pluie, absorbe les sels solubles de sodium et autres et retourne à la mer.

Le phénomène est irréversible. En comparant la quantité de sel contenue dans la mer, le débit annuel des fleuves et

---

(¹) *Leçons sur les hypothèses cosmogoniques*, 1911, Chap. VIII.

leur richesse en sel, on trouve qu'il s'est écoulé environ 100 mégannées depuis le début des temps primaires.

XVII. Alphonse Berget a publié en 1912 : *La vie et la mort du globe*. En voici le dernier Chapitre, qui est au moins, un beau roman très vraisemblable.

« Nous avons étudié la « vie de la Terre », nous l'avons vue naître, croître, respirer, frémir. Mais un être sain, même s'il a résisté victorieusement aux efforts des actions morbides, finit toujours par arriver à l'état de sénescence : il « vieillit ». La circulation se ralentit et la mort survient, inséparable du froid qui succède à la chaleur de la vie.

La Terre fera-t-elle exception à cette loi ? Ou, au contraire, va-t-elle « vieillir » comme tout être vivant, avant de « mourir » à son tour ? C'est ce qui nous reste à rechercher.

Quel sera d'abord le degré de « permanence » de l'état sous lequel se trouve actuellement le globe terrestre ?

Le conflit de la terre ferme et des agents extérieurs continuera longtemps encore. Longtemps les attaques des eaux seront à recommencer contre des éléments solides renouvelés par le jeu des forces intérieures, amenant à la surface du globe de nouvelles masses minérales ou modifiant par des séismes la position relative des masses préexistantes.

L'atmosphère, pendant ce temps, s'enrichira, au moins pendant quelque temps, en acide carbonique : les volcans, d'une part, dont l'activité semble se renouveler actuellement, y déversent abondamment le gaz carbonique, et, d'autre part, les immenses progrès de l'industrie, en utilisant jusqu'à l'épuisement les combustibles minéraux enfouis dans l'épaisseur de l'écorce, augmenteront toujours la teneur de l'atmosphère en acide carbonique.

Pendant un intervalle de temps qui sera peut-être assez long, cette teneur ira en croissant. Par suite s'accroîtra aussi l'influence bienfaisante qu'exerce le gaz carbonique au point de vue de la conservation de la chaleur : il protège la Terre contre un refroidissement trop rapide. On en aura une idée en considérant que, si l'acide carbonique actuellement contenu dans l'atmosphère, dont il n'est partie constituante qu'à la dose de $\frac{1}{3000}$, venait à disparaître, la température du sol terrestre diminuerait de 20°, et cette diminution accentuerait jusqu'à l'exagération les inégalités climatériques des régions de la Terre. Au contraire, si la teneur en acide carbonique augmentait, si par exemple son volume devenait double, nous gagnerions 4° de température, 8° s'il devenait quadruple; et non seulement la température moyenne s'élèverait, mais il y aurait égalisation concomitante des climats.

L'étude du passé de la Terre nous a montré que des variations de ce genre s'étaient produites autrefois et avaient eu, sur les phénomènes de la vie végétale et animale, une influence dont la Géologie nous enseigne l'importance. Si l'acide carbonique augmente, ce que démontre son absorption continue par l'eau des océans, au-dessus desquels la dose de ce gaz dans l'atmosphère est plus faible d'un dixième qu'au-dessus des terres, ces conditions d'amélioration climatérique se réaliseront, et les siècles immédiatement prochains seront des époques tempérées. Le sol pourra donc devenir plus fertile, car l'augmentation de la température de l'air qui le surmonte augmentera la quantité de vapeur d'eau contenue dans l'atmosphère, et augmentera également l'abondance des précipitations aqueuses; de là des récoltes plus riches, de là une abondance de végétation à la disposition des hommes qui vivront dans ces temps favorisés.

Mais ce ne sera qu'une accalmie dans la marche de la Terre vers la vieillesse et la mort : le Soleil, au bout d'un nombre considérable de siècles, nombre qu'HELMHOLTZ évalue à 17 000 000 d'années, par suite de la perte continuelle de chaleur qu'il subit du fait de son rayonnement, sera réduit au quart de son volume actuel, et bien longtemps avant que cette contraction soit réalisée, la température du globe terrestre, insuffisamment échauffé par un astre refroidi, ne dépassera pas zéro. La vie ne durera donc sans doute pas autant sur la Terre, et le grand physicien allemand en fixait la persistance ultime à environ 6 000 000 d'années.

Qu'arrivera-t-il alors de la Terre elle-même ? L'homme, en utilisant les forces de la nature, en mettant à profit les forces nouvelles que la science poussée à son paroxysme aura encore découvertes, sera-t-il arrivé, en captant des énergies extra-terrestres, à reculer la date fatale ? Aura-t-il réussi à transmettre à d'autres mondes le résultat des conquêtes de son génie ? Toujours est-il que, le Soleil se refroidissant, la température de la Terre s'abaissera; elle tombera bien au-dessous de zéro et le globe entier entrera dans la période de la mort finale; alors les conditions matérielles de toute existence, telles que nous les voyons actuellement, ne seront plus réalisées. La vie aura disparu de la Terre.

Ne recevant plus du Soleil refroidi la quantité de chaleur suffisante, les océans, les fleuves se transformeront d'abord en masses de glace, et les nuages de l'atmosphère, condensés en neige précipitée sur le sol, n'entoureront plus la Terre de leur enveloppe, qui la protège si bien contre le rayonnement vers les espaces célestes. On peut donc être certain qu'à partir de ce moment la température s'abaissera avec une grande rapidité.

L'acide carbonique va disparaître à son tour : dès que la température sera suffisamment basse, il se précipitera sur le sol à l'état de neige fine, neige que nous employons aujourd'hui dans nos laboratoires pour produire facilement du froid. Cette condensation fera disparaître la dernière défense de la Terre contre le rayonnement; aussi, le refroidissement va-t-il, dès lors, s'accélérer. Quand la température atteindra 73° absolus (200° au-dessous du zéro usuel de nos thermomètres), de nouveaux océans feront leur apparition et viendront accumuler leurs flots dans les cavités formées par les glaces qui recouvriront la planète. Ces nouveaux océans proviendront de la liquéfaction de l'azote et de l'oxygène; et l'atmosphère, raréfiée à l'extrême, ne contiendra plus que de l'hydrogène et de l'hélium. L'écorce refroidie recouvrira donc un globe extérieurement inerte, mais dont l'intérieur continuera à renfermer ce magma qui restera encore, pendant des milliers de siècles, à l'état incandescent. Une très faible partie de cette chaleur parviendra à la surface par conductibilité à travers l'écorce de plus en plus épaissie, et la température ne sera maintenue au-dessus du zéro absolu que par le rayonnement ultime du Soleil mourant, qui, après avoir passé au rouge sombre, finira, lui-aussi, par devenir obscur à son tour.

Alors, sur la surface de cet astre, qui ne sera plus l'éclatant globe de feu que nous voyons aujourd'hui, mais qui entrera dans sa période finale, une croûte superficielle se formera par solidification, comme s'est formée l'écorce de la Terre au début de son histoire. D'abord pellicule fragile, toujours brisée et fissurée par les efforts de l'énergie interne, elle se fracturera sans cesse pour laisser échapper les laves intérieures, mais peu à peu l'écorce solaire deviendra continue.

A partir de ce moment, son refroidissement se fera plus vite que celui de la Terre, car il n'y aura plus d'astre, même attiédi, pour lui envoyer un reste de chaleur. C'est dans la nuit à peine éclairée par la lueur des étoiles lointaines que le Soleil verra se précipiter sur lui la vapeur d'eau de son atmosphère pour y former des océans qui ignoreront la lumière d'un jour impossible : à peine nés, ces océans deviendront des plaines glacées. Les gaz de l'atmosphère solaire se condenseront à leur tour, et le Soleil sera, lui aussi, un globe dont l'intérieur renfermera une incommensurable réserve d'énergie, mais dont les parois athermanes le préserveront du refroidissement total pendant des milliards de millions de siècles.

La Terre froide, gravitant comme les planètes sœurs autour d'un Soleil éteint, fait désormais un monde « *mort* ». Ce monde ressuscitera-t-il ? Le grand physicien ARRHENIUS nous répond que oui.

C'est la rencontre de deux sphères éteintes dans l'espace interstellaire qui peut, d'après l'illustre savant, amener la rénovation d'un corps céleste. Les étoiles les plus voisines de nous sont cependant à une distance de la Terre si grande que la lumière, bien que se propageant à la vitesse de 300 000^{km} par seconde, met une dizaine d'années à franchir la distance qui les sépare de nous. Donc, comme notre Soleil chemine dans l'espace, vers la constellation d'Hercule, à la vitesse de 20^{km} par seconde, il lui faudrait, au minimum, cent mille milliards d'années pour parcourir cette distance et, par conséquent, pour que la collision fût géométriquement possible.

Mais il n'y a pas, dans le ciel, que des astres lumineux, que des étoiles « vivantes ». Nous avons supposé notre Soleil éteint, voyageant dans l'espace après sa mort : il peut se trouver sur sa route un astre éteint également, donc invisible pour nous, et situé à une distance plus faible. Les chances pour que cette rencontre ait lieu s'accroissent dès que la distance entre les deux astres errants diminue, par suite de l'attraction qui augmente proportionnellement au carré de la diminution de la distance qui les sépare. On a appliqué le calcul des probabilités à ce cas plus vite réalisable, et l'on a trouvé que le temps « probable » qui peut s'écouler jusqu'au prochain choc sera de la grandeur d'un trillion d'années, environ 100 fois plus long que la durée de la vie d'un soleil.

Comment se fera ce choc effrayant ? On a calculé que les météorites tombant sur le Soleil s'y précipitaient à la vitesse de 600^{km} *par seconde*. On peut alors s'imaginer nos deux corps célestes se rencontrant en possédant chacun au moins cette vitesse. Ce choc sera sans doute oblique, car les probabilités de rencontre normale sont beaucoup plus faibles. Le choc imprimera donc au système résultant un mouvement de rotation dont la vitesse périphérique sera énorme, et atteindra plusieurs centaines de kilomètres par seconde.

La volatilisation du noyau décomposé se produit, donnant naissance à un astre brillant, à une étoile nouvelle, une « *nova* », comme la *nova Persei*; quelquefois même plusieurs astres peuvent résulter de la collision, produits de la première agglomération des matières incandescentes; puis deux jets gazeux latéraux, conséquences de l'obliquité du choc, s'élanceront en spirale centrifuge, avec une vitesse de plusieurs centaines de kilomètres à la seconde, et les gaz qu'ils renferment constitueront, en se détendant dans l'espace, les spirales d'une nouvelle nébuleuse dont le noyau ou les noyaux seront les étoiles naissantes. Un système nébuleux existe donc, avec une étoile à son centre, et toutes les phases par lesquelles ont passé notre Soleil et ses planètes vont pouvoir se reproduire en recommençant un cycle nouveau.

Ce sera donc bien la « résurrection d'un monde ». Et, une fois de plus, sur ce gigantesque cadran du ciel, où la vie des soleils mesure les minutes, l'Horloge de l'Éternité aura accompli un de ses tours. »

ALPHONSE BERGET,
Docteur ès sciences,
Professeur à l'Institut océanographique.

XVIII. Dans une Note présentée à l'Académie des Sciences le 18 février 1918, *Sur la constitution d'une masse gazeuse et sur l'évolution du Soleil*, A. VÉRONNET, supposant le Soleil formé d'un gaz réel et adoptant la loi de STEFAN, d'après laquelle la température absolue en un point de la Terre serait proportionnelle à la racine quatrième de l'énergie calorifique envoyée par le Soleil, admet que la température de l'équateur, actuellement de 34°, était de 125° il y a une mégannée et sera de 0° dans une mégannée.

Telles sont à peu près les limites auxquelles peuvent atteindre les espèces actuellement vivantes.

Cette énumération rapide et incomplète fait sauter aux yeux la grande variété des moyens par lesquels les savants ont essayé d'arracher à la Terre le secret de son âge.

Leurs résultats ne sont pas trop discordants. Le chiffre indiqué par H. RESAL en 1888 paraît trop considérable et celui donné en 1918 par A. VÉRONNET semble trop modeste.

L. DE LAUNAY a formulé en 1905 les conclusions suivantes, peut-être un peu trop sévères [1] :

« *N'étaient les noms des savants qui les ont établis, ces chiffres* » (qui représentent en mégannées l'âge de la Terre)

---

[1] *La Science géologique.*

« *ne mériteraient aucune confiance, tant on a accumulé, pour*
les obtenir, d'invraisemblables hypothèses.... »

« *Ces objections s'appliquent encore bien plus à ceux qui*
ont voulu prendre comme base la vitesse de sédimentation
actuelle ou qui ont admis en principe quelque relation entre
les transgressions de la mer, les retours de la période glaciaire,
les reproductions des séries sédimentaires et tel phénomène
astronomique.

» QUAND LA SCIENCE EST A CE POINT DÉSARMÉE, IL VAUT
MIEUX RECONNAITRE SON IMPUISSANCE. »

Que sont d'ailleurs quelques mynannées en présence de
l'éternité absolue ? Un instant imperceptible.

CHAPITRE XII.

ORIGINE DE LA VIE SUR LA TERRE.

OPINIONS DE R. PERRIER ET D'A. DASTRE.

Cette grave question a soulevé de très vives polémiques.

HUXLEY a cru découvrir en 1868 le *Bathybius Hœckelii*, voir dans cette monère le premier être qui est apparu sur la terre et pouvoir lui attribuer une origine spontanée, mais DE LAPPARENT a affirmé en 1878 qu'il avait eu simplement affaire à un précipité de sulfate de chaux.

On admet aujourd'hui que cette gelée, ramassée au fond des abîmes marins, est un déchet d'êtres vivants et non pas, comme HUXLEY l'a pensé, une ébauche de matière vitale.

Un autre animal prétendu primitif, l'*eozoon*, a été décrit dans les cipolins du Canada, de Bohême et de Bretagne. Est-ce bien un animal et comment s'est-il formé?

REMY PERRIER a fait paraître le 20 septembre 1912, sur l'origine de la vie sur la terre, l'exposé magistral que nous reproduisons ci-dessous.

« Dans son impuissance à expliquer la genèse des phénomènes naturels et à discerner leurs causes, l'esprit humain s'est vu longtemps réduit à invoquer l'intervention d'une puissance surnaturelle, inaccessible à notre raison, aussi bien dans son essence que dans ses modes d'action, qui non seulement aurait à l'origine créé le monde, et tout ce qui le constitue, mais continuerait, à chaque moment et dans tous les points de l'univers, à exercer son influence dirigeante sur tous les phénomènes et sur tous les êtres. Toutes les cosmogonies, tous les systèmes religieux reposent sur cette ingérence immanente d'un Être suprême dans l'ordre des choses naturelles, et elle a été, par le monde chrétien, un dogme, qui, jusqu'à une époque très rapprochée de nous, est resté au-dessus de toute discussion. Mais, par la lente accumulation des observations et des expériences, l'homme s'est peu à peu rendu compte que tous les phénomènes obéissent à un petit nombre de lois éternelles, s'enchaînent les uns les autres dans un ordre constant et suivant une succession rigoureusement déterminée. A chaque progrès de nos connaissances, le mystère recule, une intervention surnaturelle paraît de moins en moins nécessaire par l'explication de phénomènes dont notre raison reconnaît la genèse naturelle, et, pour beaucoup d'esprits, la cause première n'aurait agi qu'à l'origine des choses, pour tirer du néant la matière et lui imposer ses lois.

Dans le domaine biologique, nos idées sur l'origine des espèces animales et végétales ont parcouru les mêmes étapes.

Le temps n'est plus où on les considérait comme créées chacune, à l'origine, par des actes spéciaux de la volonté divine, soit localisés, comme le disait Moïse, au sixième jour de la Création, soit échelonnés, comme l'impose l'étude des fossiles, au cours de la durée des époques géologiques. C'est aujourd'hui une vérité scientifique, admise par tous, que les espèces vivantes se sont formées progressivement, se modifiant et se compliquant à travers les générations, les plus parfaites dérivant de formes moins compliquées, et ainsi de suite, jusqu'à des êtres extrêmement simples, qui seraient les formes originelles, les premières apparues.

Mais, à la vérité, nous n'avons ainsi que reculé la solution du problème. Ces formes simples primitives, petits grumeaux microscopiques de gelée vivante, semblables à ce que sont encore aujourd'hui les Amibes, comment se sont-elles formées ? Elles ont été créées, dira-t-on; mais cela n'explique rien; même en admettant une intervention extra-naturelle, — ce qui est une opinion de foi, échappant à toute discussion, — nous savons que les lois physiques ne se trouvent jamais en défaut, que cette création même n'y aurait pu échapper, et la question demeure, entière : Par quel mécanisme ont apparu sur la terre les premiers êtres vivants ?

Aujourd'hui surtout qu'on sait que la matière vivante n'est pas une substance absolument spéciale, qu'elle est formée des mêmes éléments chimiques que les corps inertes, que les phénomènes dont elle est le siège obéissent aux mêmes lois que ceux de la matière brute, qu'en d'autres termes la matière est une, il semblerait tout naturel d'admettre que les plus simples des êtres vivants se sont formés par une modification déterminée de substances inertes : c'est ce que l'on a appelé la *génération spontanée* de la substance vivante. Malheureusement, non seulement on n'a jamais abordé une semblable genèse, mais les immortelles expériences de Pasteur ont démontré qu'il n'y a jamais génération spontanée d'êtres vivants; dans les conditions actuelles, tout au moins, un être vivant vient toujours d'un autre être vivant; la vie vient toujours de la vie : de même, avant que Prométhée ait enseigné aux hommes l'art de faire du feu, un flambeau ne pouvait s'allumer qu'à la flamme d'un autre flambeau.

Sous l'empire de la magistrale démonstration de Pasteur, toute hypothèse évoquant une génération spontanée de germes vivants apparaissant comme insoutenable, se constitua, pour expliquer l'apparition de la vie sur la terre, une conception nouvelle : les premiers germes seraient venus sur la terre d'une autre planète, d'un autre monde que le monde solaire, conception majestueuse, dans laquelle la vie, éternelle comme la matière elle-même, apparaît comme se propageant d'astre en astre, à travers l'immensité de l'espace.

H.-E. Richter, médecin saxon, qui, le premier, l'exposa, en 1865, pensait que cette propagation devait se faire par les météorites, les « pierres tombées du ciel », débris d'astres, emportés dans l'espace, et qui pouvaient contenir en eux-mêmes des germes organiques à l'état de vie ralentie. Des savants illustres, comme Lord Kelvin et Helmholtz, ont apporté à cette hypothèse l'appui de leur autorité. Mais les astres dont les météorites sont les restes ne peuvent être que des astres déjà morts, privés depuis longtemps de toute population vivante, ou encore des astres qui se sont brisés en se rencontrant l'un l'autre dans leur course à travers l'espace, et alors la chaleur prodigieuse résultant de leur collision aurait volatilisé jusqu'à la dernière trace d'être vivant à leur surface.

Au surplus, les recherches les plus minutieuses n'y ont décelé ni le moindre germe, ni la moindre trace de substances organisées.

A une époque assez récente, l'illustre physicien suédois Svante Arrhenius a donné à la théorie une forme ingénieuse plus plausible : on sait aujourd'hui que les radiations lumineuses exercent sur les corps très petits une pression suffisante pour les soustraire à l'action de la pesanteur et les entraîner dans la direction des rayons lumineux. Il est, par suite, assez vraisemblable que des germes minuscules — et l'on connaît des spores de bactéries qui n'ont pas plus de quelques dixièmes de millième de millimètre — emportés par les vents aux limites de l'atmosphère d'une planète puissent être entraînés par les radiations solaires et errer à travers les espaces célestes, jusqu'à atteindre un autre monde, où ils pourront se développer, s'ils y trouvent réalisées les conditions nécessaires à la vie.

Mais reste à savoir si, dans un tel voyage, les germes pourront conserver leur vitalité, de façon à renaître plus tard à la vie active.

1º Malgré l'énorme vitesse due à la force répulsive du Soleil, la durée du voyage est à considérer : 20 jours pour aller de la Terre à Mars, 14 mois pour aller jusqu'à Neptune, 9000 ans pour atteindre α du Centaure, le système stellaire le plus rapproché de nous. Toutefois, comme des bactéries trouvées dans des sépultures romaines ont pu, après 1800 ans, revenir à la vie active, on peut, à la rigueur, ne pas trop craindre, pour les germes errants, l'usure des années ou des siècles.

2º Les conditions rigoureuses de l'espace interastral (vide presque absolu, température de 220º au-dessous de zéro) ne sont peut-être pas elles-mêmes un obstacle formel à la transmission des germes. Comme l'a montré PAUL BECQUEREL, des grains de luzerne, des spores de moisissures et de bactéries, enfermées dans des tubes de verre où un vide absolu avait été réalisé et qui avaient été plongés dans l'hydrogène liquide à —253º, peuvent conserver après deux ans leur pouvoir germinatif.

3º Mais il est une cause de destruction, qui, celle-là, paraît souveraine, c'est l'action de la lumière solaire, et surtout de cette portion de la lumière solaire qui est placée, dans le spectre, au delà du violet.

Les radiations *ultraviolettes* sont mortelles pour tout être vivant, et, si notre atmosphère ne les absorbait en considérable proportion, aucune vie ne serait possible sur la terre.

Au bout de 6 heures d'exposition à l'ultraviolet, les spores les plus résistantes sont fatalement détruites.

Dans leur long voyage à travers les espaces interplanétaires, où se déverse l'énorme quantité de radiations ultraviolettes émises par le Soleil, les germes, quels qu'ils soient, ne peuvent évidemment résister à leur action, qui se superpose aux influences nocives énumérées tout à l'heure.

Il faut donc renoncer à la séduisante hypothèse de l'ensemencement des astres par des germes étrangers, et d'ailleurs la marche de l'évolution sur la Terre, telle que nous la révèle la paléontologie, montre que la vie a eu, sur notre planète, un commencement unique, à partir duquel les formes vivantes ont évolué suivant une marche régulièrement ascendante, ce qui est en contradiction avec l'idée d'un ensemencement continuel, supposant un continuel recommencement de l'évolution.

La vie terrestre a donc eu nécessairement une origine terrestre, et force nous est, dès lors, d'en revenir à la génération spontanée. Sans doute, et c'est cela seulement que PASTEUR a démontré, celle-ci n'est point *actuellement* possible, en raison des conditions *aujourd'hui* réalisées sur notre globe; mais rien ne prouve qu'à une époque fort reculée des conditions autres n'aient pas existé, permettant précisément l'organisation de la matière brute en substance vivante; c'est à cette époque, et à cette époque seulement, qu'auraient pu se constituer de toutes pièces des êtres vivants ! Aujourd'hui, les conditions, devenues différentes, ne permettent plus cette organisation spontanée, et les êtres vivants ne peuvent plus naître que les uns des autres, par filiation. Mais, si nous connaissions ces conditions originelles et que nous puissions les réaliser, nous pourrions sans doute aussi reproduire les résultats jadis obtenus par la nature.

L'homme aurait alors *créé* des êtres doués de vie, et l'on se plaît à rêver, ébloui, aux conséquences d'une telle création, à la descendance que pourrait devenir, par l'effet de l'évolution, celle de tels êtres. Mais... ce ne sont là, pour le moment, que rêves, que je livre à l'imagination des WELLS de l'avenir. »

RÉMY PERRIER,
Professeur à la Sorbonne.

A. DASTRE a examiné la même question dans son livre, *La vie et la mort*, dont nous avons parlé au Chapitre VI.

Il constate que jusqu'ici on n'a jamais formé une seule parcelle de matière vivante, si ce n'est par l'intervention d'un organisme vivant préexistant.

Il énumère les quatre solutions suivantes qui ont été données au problème de l'apparition de la vie sur la terre :

par HAECKEL : les générations spontanées ont pu se produire jadis, quand la Terre a atteint, par le refroidissement du globe, la solidification de son écorce et la condensation de la vapeur d'eau à sa surface, des conditions favorables;

par H.-E. RICHTER : la vie est venue sur la terre sous forme de cosmozoaires incluses dans les météorites;

par F. COHN : la vie est venue sur la terre sous forme de poussières cosmiques flottant dans l'espace ;

et par W. PREYER : la vie a existé de tout temps, même à l'état de pyrozoaires, quand le globe terrestre était une masse incandescente.

C'est à cette dernière solution que nous nous rallions de préférence.

Rappelons pour mémoire la solution de L. Figuier, déjà signalée au Chapitre VI, d'après laquelle il y aurait un apport constant de germes animés du Soleil sur la Terre.

Nous reviendrons sur ce point au Chapitre XVI (§ IX).

CHAPITRE XIII.

L'HUMANITÉ.

L'humanité est à la fois une espèce admirablement tranchée et la plus parfaite qui existe actuellement sur la terre.

Quelques personnes ont prétendu pouvoir conclure, de l'examen d'une gravure connue sous le nom de « *la femme au renne*», exécutée à l'époque des pierres taillées les plus récentes et trouvée à Laugerie-Basse (Dordogne), que les accouplements de l'homme et des animaux supérieurs étaient alors dans les mœurs. Divers objets retrouvés à Pompéi, sous les cendres du Vésuve, prouvent qu'ils étaient assez fréquents dans l'empire romain. Aujourd'hui, ils sont devenus fort rares parmi les nations civilisées et ils y sont regardés comme des actes monstrueux. Il arrive parfois que de grands singes violent des femmes.

Les actes de bestialité, commis par les hommes ou subis par les femmes, sont toujours complètement stériles.

Le corps des hommes se distingue seulement de celui des singes anthropomorphes par les caractères suivants, à peu près constants dans l'espèce humaine : configuration du crâne et de la face, structure et dimensions du cerveau, forme de la colonne vertébrale, station habituellement verticale, dimension réduite des membres antérieurs, impossibilité pour le pouce des membres postérieurs de s'opposer aux autres doigts, denture complète sans intervalle pour recevoir les canines opposées, forme de l'oreille, largeur de la mâchoire, etc.

Il nous paraît admissible que jadis,—peut-être il y a 100 siècles, peut-être il y a 12 000 siècles (¹), peut-être il y a plusieurs mégannées, — les hommes et les anthropomorphes se ressemblaient plus qu'aujourd'hui, qu'alors leurs accouplements étaient habituellement féconds en mulets stériles, et qu'à une époque encore plus reculée ces produits étaient eux-mêmes féconds soit entre eux, soit avec les hommes, soit avec les singes anthropomorphes.

Pourquoi un singe anthropomorphe ne serait-il pas notre aïeul ? Si HUXLEY « *avait à choisir ses ancêtres entre un singe perfectible et un homme qui emploie son esprit à se moquer de la recherche de la vérité, il préférerait le singe...* ». Charmante boutade que nous contresignons de tout cœur· sans croire aucunement rabaisser l'homme en élevant presque jusqu'à lui les animaux !

Récemment DENIKER, bibliothécaire du Muséum d'Histoire naturelle de Paris, et ancien président de la Société d'Anthropologie de Paris, a exprimé l'opinion « *que le singe est un homme adapté à la vie arboricole et que nous ne sommes que des singes adaptés à la vie sociale et transformés depuis des siècles et des siècles par le genre d'existence que nous menons* ».

La notion que nous avons de l'homme est moins flatteuse pour sa vanité que le dogme religeux et la fiction poétique, qui le représentent comme une créature à l'image de Dieu, possédant seule une âme et profitant de l'univers matériel, des végétaux et des animaux-machines, créés uniquement pour son usage personnel.

Un pamphlet, colporté à la fin du xvi⁰ siècle par ACIDALIUS, mais condamné par le Pape en 1651, a allégué que les femmes n'avaient pas d'âme.

(¹) *Ancienneté de l'homme sur la terre*, d'après L. REMOND.

Nous affirmons hautement que chaque homme possède une âme immatérielle, mais nous ne connaissons pas plus sa nature que celle de quoi que ce soit.

Un atome de matière est peut-être formé, comme nous l'avons dit, de particules électriques, mais que sont ces particules elles-mêmes? Si une particule électrique était abandonnée à elle-même dans l'univers, son mouvement serait perpétuellement rectiligne et uniforme. En fait, le mouvement de toute particule est curviligne. Nous croyons que c'est parce qu'elle est soumise à des forces émanant des autres particules, mais de quelle nature, de quelle essence sont ces forces? Si l'on considère un astre dans l'univers, un grain de sable dans la mer, une poussière dans l'atmosphère, une plume au vent, son mouvement est absolument déterminé, en vertu des lois de la Mécanique, par les forces extérieures. Le *hasard* est l'ensemble des causes dont le détail et la loi nous échappent. Quand il s'agit d'un être animé, on ne peut plus prévoir *a priori* exactement le chemin qu'il suivra et que modifiera dans une certaine mesure un facteur libre : nous l'appelons l'*âme*, mais quelle est sa substance?

L'univers est constitué par des *particules d'électricité*, des *forces*, et des *âmes*, trois sortes d'entités *également mystérieuses* dont la science connaît seulement quelques propriétés.

Si l'existence de l'âme est pour nous une hypothèse scientifique très vraisemblable, il n'en est pas tout à fait de même de son *immortalité* affirmée par la religion.

Dans notre vieil Ouvrage, *Les sciences expérimentales*, nous avons émis à ce sujet des hypothèses un peu hasardées.

Nous les avons rappelées à la fin du Chapitre VI (*voir* p. 74) et nous pourrions les reproduire ici.

Elles se terminent par la constatation que ces questions paraissent sortir des bornes de la science.

Hâtons-nous d'y rentrer et de considérer un homme, d'abord à l'état adulte.

Il comprend, d'après LE DANTEC [1] et A. DASTRE [2] environ 30 trillions (3.10^{13}) de globules rouges du sang d'une dimension de 7^μ à 8^μ (microns) et autant de cellules soudées ensemble, atteignant jusqu'à une dimension de 100^μ à 200^μ pour les ovules. Ces cellules se partagent les rôles comme les individus dont l'ensemble constitue une *velelle*, une *porpite*, une *physalie*, très justement assimilées en 1888 par DE LACAZE-DUTHIERS à des sociétés coopératives. La physiologie étudie le rôle de ces cellules.

Le Dr G. LE BON dit [3] que notre moi se compose de l'addition d'innombrables moi cellulaires. D'accord avec lui, nous regardons le moi d'un homme comme le syndicat hiérarchisé d'une soixantaine de trillions de moi cellulaires.

D'accord avec nous, A. COSTE dit que le principe animique ou vital est une *harmonie* des éléments humains.

Selon DU BOIS-RAYMOND, « *chaque organisme est une agrégation d'individus plus ou moins nombreux, dont les propriétés particulières reproduisent en petit les propriétés du tout organique qu'ils constituent, qui se nourrissent, se transforment et se propagent d'une manière indépendante, et qui, par la somme de leurs modifications normales, effectuent la modification de l'organisme lui-même* ».

Considéré dans son ensemble, l'homme est un animal, à peu près symétrique par rapport à un plan diamétral, et doué de deux paires de membres et d'un canal digestif terminé par deux orifices. Il introduit dans ce canal, par l'orifice supérieur, des fragments divers de végétaux et d'animaux et les dissout partiellement pour les transporter dans son sang et reconstituer ses différents organes.

---

[1] *Le problème de la mort et la conscience universelle.*
[2] *La vie et la mort.*
[3] *Les opinions et les croyances*, 1917.

Sa *graisse*, principalement composée d'oléine, de palmitine et de stéarine, dont les molécules sont formées d'atomes de carbone, d'hydrogène et d'oxygène, brûle aux dépens de l'oxygène de l'air et se transforme en acide carbonique et en eau.

Ses *muscles*, composés de fibrine, dont la molécule est formée d'atomes de carbone, d'hydrogène, d'oxygène, d'azote et de soufre, brûlent également et se transforment en acide carbonique, en eau, en urée, en acide urique, etc.

Ses *os* intérieurs, sur lesquels s'insèrent ses muscles, sont principalement composés d'osséine, analogue à la fibrine, de phosphate et de carbonate de chaux.

On trouve des *nucléines*, c'est-à-dire des matières insolubles dans les acides et formées de carbone, d'hydrogène, d'azote, de phosphore, de soufre et d'oxygène dans divers organes de l'homme, parmi lesquels nous pouvons citer les suivants : le *cerveau*, organe où se concentrent les facultés principales de son âme ; le *sang*, qui circule dans son corps ainsi que nous l'avons dit plus haut ; le *sperme*, liquide émis par les individus du sexe mâle et contenant les cellules reproductrices mâles ; le *lait*, liquide émis par les individus du sexe femelle pendant quelque temps après la naissance de leurs enfants et destiné à les nourrir, etc.

Les combustions, qui s'opèrent constamment dans le corps de l'homme adulte, sont des réactions exothermiques, qui l'entretiennent à une température sensiblement constante, dans l'état de santé, de 40° dans le sang, 37° sous l'aisselle, 35° à la main, 32° au pied et qui lui permettent d'employer à son gré environ 27 millions de megergs par jour.

Quand un travail positif est produit par un muscle déterminé, ce muscle est contracté et se brûle plus rapidement. Il a été mis dans cet état par un courant venu du cerveau le long d'un nerf centrifuge. Ce courant est assimilable, d'après Du Bois-Raymond, à un courant électrique dont la vitesse serait inférieure à 30^m par seconde.

Une partie du travail positif produit par l'homme est employée par lui aux fonctions animales sans qu'il en ait conscience. L'homme a besoin de dormir chaque jour ou à peu près chaque jour pendant plusieurs heures, durant lesquelles sa volonté cesse complètement de se manifester, ce qui ne l'empêche pas d'ailleurs de continuer à développer du travail positif.

L'homme, en faisant vibrer ses cordes vocales, émet des sons d'un timbre varié, au moyen desquels il exprime conventionnellement sa pensée. Malheureusement, ceux-là seuls de ses semblables qui ont appris la langue qu'il parle peuvent la comprendre.

Arrivera-t-on à constituer un jour une langue comprise de l'universalité des hommes ? L'humanité se partage en trois ou quatre cents groupes parlant chacun une langue différente. Ces langues sont monosyllabiques, agglutinatives ou à flexion, et elles comprennent chacune plusieurs idiomes distincts.

Chaque mot dans les langues monosyllabiques, chaque syllabe dans les autres comprend des explosions de très courte durée (consonnes proprement dites) et des sons qui peuvent se prolonger sans variations pendant un temps beaucoup plus long (voyelles, sifflantes, nasales et liquides).

La langue française comprend notamment :

des voyelles, *a, è, é, i, o, eu, u, ou*;
des sifflantes, *f, v, s, z, j, ch*;
des nasales, *m, n*;
des liquides, *l, r*;
des explosives douces, *b, d, g*;
et des explosives fortes *p, t, k*.

Une syllabe comprend parfois successivement une sifflante, une explosive, une liquide, une voyelle, une liquide, une explosive et une sifflante.

Le langage humain est beaucoup plus compliqué que le

langage rudimentaire des animaux supérieurs, mais il nous paraît incontestable qu'il en provient par transformisme.

L'écriture est une image visible conventionnelle de la parole. Les hommes ont d'abord gravé dans une pierre tendre avec une pierre dure des signes représentatifs de chaque objet, puis de chaque mot, puis de chaque syllabe, puis de chaque son élémentaire. Ces diverses inventions se sont succédé, il y a environ 30 à 50 siècles. Actuellement encore, chaque langue a un signe conventionnel pour chaque mot, pour chaque syllabe ou pour chaque son élémentaire.

L'écriture a conservé dans chaque partie de la Terre le souvenir des événements notables qui s'y sont produits depuis son invention et même un peu antérieurement. La reconstitution posthume des anciennes langues de l'Egypte et de l'Assyrie est une des merveilles de l'esprit humain.

Rome a été fondée il y a 2673 ans. L'histoire officielle et complète de la Chine remonte à la 61e année du règne de Hoang Ti, soit à 4557 ans. L'histoire du peuple juif comprend 56 siècles, dont les 22 premiers, il est vrai, sont remplis de traditions contestables, et celle du peuple égyptien, écrite sur ses monuments, paraît remonter jusqu'à 69 siècles.

Les hommes se transmettent leur pensée par la parole, par l'écriture imaginée, il y a 30 à 50 siècles et par l'imprimerie, imaginée il y a moins de 5 siècles pour remplacer l'écriture. C'est pourquoi l'on peut dire que l'homme est un *animal perfectible*.

Il peut employer les moyens dont il dispose à marcher à la surface de la Terre ou à nager dans l'eau qui la recouvre. Quand il marche, ses pieds reposent de temps en temps sur le sol et y exercent un frottement. La déformation de ses jambes par la tension ou la distension de ses muscles le fait avancer. Quand il nage, il pèse à peu près autant que l'eau qu'il déplace, l'eau qui l'entoure exerce sur lui des pressions qui équilibrent à peu près son poids et il se meut dans tous les sens au moyen de la déformation et du mouvement de ses quatre membres. L'homme peut également déplacer les objets qui l'environnent et les travailler à sa guise.

Il a des sens impressionnables par le mouvement de la matière et de l'électricité qui les environnent. Ils peuvent être hyperesthésiés par la maladie ou par l'hypnotisme. On peut les anesthésier par l'action de diverses substances ou d'un courant électrique, par des phénomènes sensibles très violents ou par l'action de l'hypnotisme en concentrant l'attention d'un autre sens sur un point déterminé.

L'homme connaît la forme des corps par le toucher et par la vue, leur poids et leur température par le toucher, leur couleur par la vue, leur saveur par le goût, leur odeur par l'olfaction. L'ouïe lui fait connaître les sons transmis par l'air ou par l'eau, son toucher est impressionné par l'électricité.

Une impression physique d'un sens donne naissance au phénomène psychique d'une sensation agréable ou désagréable. Saura-t-on jamais comment s'opère cette transformation ?

Quand les nerfs ou les centres sensoriels périphériques sont excités accidentellement, l'homme perçoit une sensation artificielle, « voit », par exemple, « trente-six chandelles ».

Quand un sens est affecté, l'impression se transmet au cerveau (avec une vitesse de 20^m à 30^m par seconde) par le canal des nerfs centripètes; elle passe successivement par les centres sensoriels périphériques (notamment les ganglions gris des couches optiques), puis par les centres sensoriels internes (cellules corticales) qui en conservent le souvenir à la façon d'un appareil enregistreur. Le souvenir s'efface à la longue. Quand il se réveille accidentellement, il peut, par un courant inverse, produire le rêve ou l'hallucination. Il est digne de remarque que des aveugles et des sourds peuvent avoir des hallucinations de la vue et de l'ouïe.

La mémoire de l'homme conserve le souvenir des sensations reçues du monde extérieur ou formées dans son cerveau, sa volonté et son imagination réveillent et modifient ces sensations-souvenirs, son intelligence détermine d'après cela les actes qu'il doit de préférence accomplir et sa volonté les produit.

Indépendamment de la volonté, le système nerveux sympathique commande la circulation capillaire, les battements du cœur, les mouvements péristaltiques du canal digestif, etc.

Sensibilité, mémoire, imagination, intelligence et *volonté* sont à la fois des facultés de l'âme et du système nerveux. La psychologie et la neurologie les étudient, chacune à son point de vue.

Le Dr J. GRASSET classifie de la façon suivante les actes nerveux et leurs centres ; il considère :

dans l'écorce cérébrale, un centre de psychisme supérieur [1] et des centres psychiques inférieurs ou automatiques supérieurs actionnant l'audition, la vue, le tact, le mouvement, la parole et l'écriture ;

dans les milieux basilaires et mésocéphaliques, des centres automatiques inférieurs ou réflexes supérieurs,

et dans l'axe bulbomédullaire, des centres réflexes inférieurs.

Les facultés de l'âme ou du système nerveux, loin d'être spéciales à l'homme, comme il l'a cru longtemps, dans son ridicule orgueil, sont communes à tous les êtres animés, mais elles ont, dans chacun d'eux, un développement plus ou moins considérable.

---

[1] Nous, qui n'avons jamais été qu'un amateur dans cette branche de la science, nous laissons aux physiologistes le soin de rapprocher le centre psychique supérieur signalé par J. GRASSET, l'hypophyse étudiée par DE CYON (*voir* p. 97) et la glande pinéale indiquée jadis par le grand précurseur DESCARTES.

Ce qui est certain, c'est que l'un de ces points joue par rapport à chacun de nous un rôle plus ou moins analogue à ceux qu'ont tenus récemment dans la nation française R. POINCARÉ, G. CLEMENCEAU et F. FOCH.

Pour se procurer des sensations agréables et surtout pour s'en épargner de pénibles, l'homme se livre à des industries très variées :

1° production du feu, c'est-à-dire d'une réaction exothermique, fournissant à la fois de la force vive calorifique et de la lumière ;

2° extraction du sein de la terre de divers matériaux solides ou liquides ;

3° culture de végétaux ;

4° élevage d'animaux ;

5° transformation des minerais en métaux ;

6° préparation d'aliments, de combustibles, d'engrais pour l'agriculture ;

7° fabrication d'instruments dont la matière première principale est maintenant le fer ;

8° confection de vêtements en peaux d'animaux et en matières végétales ou animales filées ou tissées et de bijoux en métaux précieux, en diamant et en pierres précieuses ;

9° constructions d'habitations ;

10° transport rapide à la surface de la Terre, à la surface de la mer, au sein de la mer ou dans les airs. Les frères WRIGHT ont réussi à voler en 1903 et SANTOS-DUMONT en 1906. Depuis lors, l'aviation a fait des progrès gigantesques [1]. Elle atteint aujourd'hui tantôt le nombre de 50 voyageurs, tantôt l'altitude de 10549^m, tantôt la vitesse de 340^{km} à l'heure.

---

[1] *L'atmosphère terrestre et la circulation aérienne.*

Dans cet opuscule, nous avons retrouvé théoriquement la formule suivante indiquée empiriquement par BERGET :

$$V = C \sqrt[3]{\frac{F}{S}},$$

V, vitesse de l'aéroplane ; C, constante ; F, travail du moteur par seconde ; S, surface de la projection de l'aéroplane sur un plan perpendiculaire à la vitesse.

Les aviateurs, et Guynemer et Fonck à leur tête, ont joué un rôle glorieux dans la terrible guerre récente.

Parti de New-York le 8 mars 1919, un avion est arrivé 19 jours après à Lisbonne. Un autre a volé les 14-15 juin 1919 de Terre-Neuve en Irlande en 16 heures 12 minutes. Parti d'Édimbourg le 2 juillet 1919 le dirigeable rigide R.34 a mis 107 heures pour aller à New-York et 75 pour en revenir dans le comté de Norfolk.

Chaque industrie progresse constamment. Comme dit Edison, « *le progrès est fait de l'accumulation des tâches individuelles* ».

En général, l'homme est entièrement maître de ses actes. Cependant, dans la *catalepsie*, la *léthargie* et le *somnambulisme*, il obéit d'une façon à peu près absolue à la volonté de l'hypnotiseur, et cette volonté peut se manifester long-temps après le réveil de l'hypnotisé. La volonté de l'hypnotiseur se transmet par l'intermédiaire des sens plus ou moins hyperesthésiés de l'hypnotisé. Nous ne croyons pas qu'on ait encore *indiscutablement* constaté que cette transmission pût se passer absolument de leur concours, mais cela n'est pas inadmissible.

Une personne hypnotisée croit éprouver les sensations que lui suggère son hypnotiseur.

Comme l'a dit le Dr Ch. Guilbert, « *l'hypnotisme est une modalité du sommeil normal provoqué par la suggestion et qui permet à l'opérateur de donner d'autres suggestions plus intenses à la faveur de l'inertie et de l'isolement du sommeil* ».

L'éducation des enfants et la domestication des animaux nous paraissent aussi des exemples de la substitution de la volonté d'un être fort à celle d'un être faible.

Napoléon Ier a été un très grand hypnotiseur. Notre grand père, Jean-François Badoureau, né en 1788, chasseur à cheval de la vieille garde impériale, a conservé jusqu'à sa mort, survenue en 1881, la visible empreinte de l'action hypnotisante de cet illustre entraîneur d'hommes.

GUILLAUME II paraît avoir exercé aussi un grand pouvoir hypnotique sur ses sujets.

Si les phénomènes douteux suivants sont exacts, ils s'expliquent peut-être par l'hypnotisme :

1º CROOKES admet l'existence d'une *force psychique* par laquelle un homme peut, sans toucher un corps solide, faire varier son poids, et dont la mise en œuvre produit sur lui un épuisement correspondant.

2º DE ROCHAS D'AIGLON croit que l'organisme humain peut repousser la terre par une force spéciale et qu'un homme peut, dans certains cas, flotter dans l'air.

3º Les spirites affirment que l'âme humaine est immortelle, et prétendent hypnotiser l'âme de personnes mortes et lui faire accomplir du travail positif, au moyen d'une force spéciale, dont elle disposerait même après la mort (1).

Ces faits sont inexplicables actuellement; ils sont exceptionnels et même douteux: mais ce n'est pas une raison pour les nier dédaigneusement.

Laissons-les de côté et revenons à l'homme, considéré dans les conditions normales.

Il travaille librement et produit un objet qui est sa *propriété* et qui fait partie de sa *fortune*. Il a le droit de l'échanger, de le donner ou de le léguer après sa mort; mais il arrive souvent qu'un autre homme le lui ravit violemment. Alors, mais seulement alors, on peut dire, avec PROUDHON, que « *la propriété c'est le vol* ».

Les hommes ont, par l'atavisme, les deux notions du bien et du beau. L'éducation les développe singulièrement.

La *morale* étudie la notion du *bien*, le droit se conforme à la morale et protège les intérêts particuliers de chaque homme en limitant ceux de ses semblables. La *vertu* consiste dans

---

(1) Nous consacrerons le Chapitre XIX à l'examen des doctrines spirites.

le sacrifice volontaire de l'intérêt particulier à l'intérêt d'autrui, mais la vertu est rare, souvent *la force prime le droit* et certains hommes commettent des crimes en sacrifiant l'intérêt d'autrui à leur intérêt particulier.

L'examen de la question du beau constitue l'*esthétique* (¹). Un grave problème se pose d'abord à ce sujet. TOLSTOÏ l'a formulé de la manière suivante : « *Il n'y a que deux définitions possibles de la beauté : l'une objective, mystique, noyant la notion de beauté dans celle du parfait ou de Dieu, définition fantaisiste et sans fondement réel; l'autre, au contraire, très simple et très intelligible, mais toute subjective et qui considère la beauté comme étant* TOUT CE QUI PLAIT (²). »

PLATON n'a pas dit, comme on le répète parfois, que « *le beau est la splendeur du vrai* », mais PLOTIN a formulé cette assertion analogue : « *Le beau est la splendeur du bien.* »

KANT a énoncé les aphorismes suivants, que nous avouons ne pas comprendre parfaitement : « *Le goût est la faculté de juger d'un objet ou d'une représentation par une satisfaction dénuée d'intérêt. Le beau est ce qui plaît universellement et sans concept. La beauté est la forme de la finalité d'un objet, en tant qu'elle est perçue sans représentation de la fin. Le beau est ce qui est reconnu sans concept comme l'objet d'une satisfaction nécessaire* (³). »

Sans nier les rapports du beau avec le vrai et avec le bien, nous croyons plutôt, avec TOLSTOÏ, qu'il est subjectif et fonction de la race, de l'âge et de l'éducation de l'observateur.

Quoi qu'il en soit, que cet idéal soit objectif et unique ou subjectif et multiple, sa recherche et sa contemplation sont l'objet des lettres et des arts. Les *lettres* le trouvent dans la parole, la *musique* dans les sons, l'*architecture*, la *sculpture*, la *peinture* dans les objets visibles.

( ) *Études esthétiques*, par G. LECHALAS; 1902.
(²) *Qu'est-ce que l'art ?* (TEODOR DE WYZEWA, traducteur).
(³) *Critique du jugement* (BARNI, traducteur

Suivant la définition célèbre d'Aristote, Ανθρωπος φυσει πολιτικον ζωον (*l'homme est un animal sociable*). Il recherche la société de ses semblables pour échanger avec eux le produit de son travail par le commerce et ses pensées, par la parole et par l'écriture. Il forme des familles stables, composées parmi les populations monoandres et monogames, du père, de la mère et des enfants. Les membres d'une même famille associent tous leurs intérêts.

Les *peuples* sont des groupes d'êtres humains, habitant dans une même partie de la Terre, formant entre eux dés familles et parlant la même langue.

Le peuple français a pour ancêtres des Hyperboréens, des Eskualdanacs, des Celtes, des Phéniciens, des Grecs, des Latins, des Francs, des Wisigoths, des Burgondes, des Normands, des Juifs et des Bohémiens ou Tziganes (originaires de l'Inde ou de l'Arabie), sans parler des Carthaginois, des Huns, des Arabes et des divers Aryâs qui ont traversé à diverses périodes le sol de son pays, ni des nègres et des autres races qui l'ont colonisé par immigrations sporadiques. Un Français quelconque a des ancêtres appartenant au peuple celte, à tous les autres peuples aryâs et à des peuples aranéens, mongols, hyperboréens, nègres, etc.

Néanmoins, deux Français quelconques, à quelques milieux sociaux qu'ils appartiennent, sont cousins entre eux au 30e ou au 40e degré au plus (¹) et ont eu probablement au moins un ancêtre commun vivant sous François Ier. Cette remarque justifie l'inscription de la fraternité dans la devise de la République française.

Les *nations* sont des groupes artificiels d'êtres humains, reconnaissant un même chef, obéissant aux mêmes lois, et mettant en commun une partie de leurs intérêts. Il serait

---

(¹) Si l'on considère seulement les parentés par les hommes, selon la loi salique, Henri IV était le cousin d'Henri III au 21e degré et le Comte de Paris était le cousin du Comte de Chambord au 18e degré.

désirable que chaque nation fût constituée par un seul peuple pris intégralement et que l'obéissance au chef fût librement consentie par tous les hommes de la nation.

Le *patriotisme* consiste, pour chaque homme, dans le sacrifice de ses propres intérêts à ceux de ses concitoyens. Dès les temps les plus reculés, les nations ont lutté entre elles et les plus fortes ont ravi aux plus faibles la fortune, la liberté et la vie. La guerre est un fléau, le plus terrible de tous, mais CARTAILHAC a pu nous dire, un peu paradoxalement, que « *c'est pourtant à elle que nous devons tout ce qui fait notre supériorité croissante* », et que « *le jour où la lutte pour la vie cessera, les jours de gloire et de bonheur seront comptés* ».

Les nations les plus civilisées ont formé une ligue pour la suppression de l'esclavage, partout où se retrouve encore ce reste de la barbarie, et la conférence de La Haye a tendu à résoudre par des arbitrages les conflits internationaux. Hélas ! elle n'a pas empêché la terrible guerre que nous venons de traverser.

La Ligue des Nations qu'on va instituer sera-t-elle plus heureuse dans l'avenir ?

Indépendamment des guerres entre les nations, il y a dans chacune d'elles des luttes entre les classes nobles et roturières, riches et pauvres, instruites et ignorantes, ainsi qu'entre les diverses sectes religieuses.

La Philosophie est évidemment compétente pour l'étude et pour l'aplanissement de ces compétitions.

L'idéal de l'homme adulte sain et civilisé serait :

que les familles fussent stables et unies,

que l'industrie se développât puissamment sous la chaude et vivifiante haleine des sciences,

que le travail et la propriété fussent respectés,

que les crimes fussent punis et de plus en plus rares,

et qu'un tribunal suprême tranchât les différends entre les nations.

Cet idéal se réalisera-t-il un jour ?

Il nous paraît de toute évidence que, comme les plantes houillères, comme les trilobites, comme les ichthyosaures...,

l'humanité a eu un début et elle aura une fin.

Cela n'a pas empêché notre pays d'instituer depuis le 21 avril 1810 des concessions de mines pour l'éternité. D'autre part, et c'est plus grave, le seul fait de l'exploitation d'une mine la rend économiquement inexploitable. Quand nous faisions partie du Corps des mines, nous étions choqué par la prétendue pérennité des concessions. La loi du 11 septembre 1919 y a enfin remédié.

Revenons à la question.

Au début de son existence, l'homme ne ressemble pas à ce qu'il est à l'état adulte.

L'ovule est d'abord une cellule attachée à l'*ovaire* de la mère. Il s'en détache quand il est mûr, entraîne avec lui une partie du corps et de l'âme de la mère, et descend dans l'*oviducte*. Le *spermatozoïde* est d'abord une cellule attachée au *testicule* du père. Il s'en détache quand il est mûr, entraîne avec lui une partie du corps et de l'âme du père et se rend dans la *vésicule spermatique*. Il est ensuite projeté dans l'oviducte de la mère; il y rencontre l'ovule et il s'y fond avec lui enveloppe à enveloppe, protoplasma à protoplasma et noyau à noyau.

Remarquons en passant que quand RICHEPIN se déclare

> « *fils du hasard qui lança*
> « *Un spermatozoïde aveugle dans l'ovaire* »,

c'est pis qu'un « blasphème » qu'il commet : c'est une erreur physiologique, car l'ovaire n'est pas le lieu de la fécondation. L'accomplissement de l'acte générateur s'accompagne d'un plaisir, mais on ne devrait se rapprocher que pour reproduire, de même qu'il ne faudrait manger et boire que pour se soutenir.

Le nouvel homme qui vient de se former n'est donc rien de plus qu'une cellule issue du corps et de l'âme du père et de la mère. Il descend dans l'oviducte et commence à se fragmenter. En arrivant dans l'*utérus* il se soude avec lui par l'intermédiaire du *placenta*, à travers lequel le sang de la mère filtrera pour le nourrir. Il y subit de nombreuses transformations analogues à celles des têtards et des chenilles, qui deviennent des grenouilles et des papillons, et il y revêt successivement des formes diverses qui rappellent ses ancêtres antérieurs à la constitution de l'espèce humaine. Enfin, il se détache de l'utérus et vient au jour en entraînant avec lui, sous le nom de *caduque*, une partie de la membrane muqueuse de cette cavité.

Il nous semble qu'il y aurait un grand intérêt à ce que les notions relatives à la génération fussent plus répandues, même chez les femmes, qu'elles ne le sont actuellement, car l'ignorance est une des causes de la production des enfants faibles ou malades. Ces connaissances ne nous paraissent nullement incompatibles avec la chasteté et avec la pudeur de la femme.

Le jeune enfant se repaît pendant quelque temps du *lait sécrété* par sa mère, et enfin il devient omnivore. Ses parents veillent à ce qu'il observe rigoureusement les lois de l'hygiène et lui apprennent tour à tour à manger et à marcher, à parler et à penser, à travailler et à souffrir.

La nourriture par le sang et par le lait, les soins médicaux, l'éducation et l'instruction sont les compléments de la génération et les bases de la piété filiale et de l'affection des parents.

Pendant le cours de son existence, un homme est constamment exposé aux maladies les plus diverses. Sauf l'usure du corps, la plupart des maladies proviennent :

1º de l'introduction dans l'organisme de *microbes*, êtres animés microscopiques qu'on a trouvés ou qu'on trouvera dans tous les virus et qui sont soit des animaux (protozoaires), soit des champignons (mycoses), soit des végétaux (bactéries et bacilles),

2º de l'intoxication par les *ptomaïnes*, alcaloïdes produits par les susdits microbes;

ou 3º de l'autointoxication par les *leucomaïnes*, alcaloïdes produits par la matière même des cellules de l'homme.

Toute maladie agit par répercussion sur l'âme, mais on appelle *maladies mentales* certaines maladies du cerveau qui s'accompagnent d'altérations particulièrement notables de la sensibilité, de la mémoire, de l'imagination, de l'intelligence et de la volonté.

Les maladies corporelles et mentales, jointes à l'usure du corps, arrivent à déterminer la mort. A partir de ce moment, l'âme humaine ne se décèle plus au savant. Les cadavres communiquent leur substance à d'autres animaux, ou bien ils rendent cette substance à la terre et à l'atmosphère, en subissant une oxydation lente, dans les cimetières, ou rapide, dans les appareils crématoires.

Depuis tantôt vingt siècles, nous accumulons nos cadavres dans les cimetières. Cette mode absurde a le double inconvénient de conserver la vie aux microbes pathogènes et de retirer de la circulation, comme ELIE DE BEAUMONT l'a remarqué, près de 2^{kg} de phosphate de chaux par cadavre.

BARBUSSE a décrit, dans *L'Enfer*, l'histoire naturelle d'un cadavre humain pendant les trois premières années qui suivent la mort et les animaux qui se développent successivement aux dépens de sa substance.

Entre la vie et la mort, sont de nombreux états qui les relient l'une à l'autre :

le sommeil;

la veille sous l'action hypnotisante d'un tiers ;

le songe (naturel ou provoqué par un tiers) ;

le somnambulisme (naturel ou provoqué par un tiers) ;

diverses amputations ;

des intoxications par l'alcool, par le tabac, par la morphine, etc. ;

des maladies : la folie, l'asystolie, la syncope ([1]), la
léthargie, la catalepsie, l'hémiplégie, la paralysie, le coma,
etc.;

la sénilité.

Nous passons notre vie à nous tuer peu à peu.

    « Chaque pas dans la vie est un pas vers la mort. »

Toutes les horloges devraient porter la célèbre devise :

    «. Vulnerant omnes : ultima necat. »

Nous pouvons résumer comme suit notre opinion sur
l'univers et sur l'humanité.

**Nous regardons, jusqu'à nouvel ordre, comme immobile,
le centre de gravité de notre univers; nous admettons que
le centre de gravité de notre système solaire décrit un mouvement encore assez mal connu, qui le rapproche en ce moment de la constellation d'Hercule, que le centre de gravité
de notre Terre décrit sensiblement une ellipse autour du
centre de gravité du système solaire comme foyer et que
notre Terre tourne autour de la ligne des pôles.**

**Sur notre Terre grouillent de nombreux animaux, dont les
plus parfaits constituent l'espèce humaine.**

**Chacun de nous a un moi immatériel, qui est la synthèse
des moi des cellules dont l'agrégat le constitue. Lors de la
conception, dans la vie fœtale et dans la jeunesse, nos cellules se développent et se multiplient : notre moi croît. Dans
le voisinage d'un maximum, toute fonction varie peu : dans
l'âge mur, notre moi est sensiblement constant. Dans la
vieillesse et lors de la mort, nos cellules dépérissent et paraissent mourir : notre moi paraît s'éteindre.**

([1]) Le Dantec la définit très justement dans le *conflit* de la manière
suivante : « *La syncope est une espèce de mort qui ne dure pas assez
longtemps pour que les tissus importants de notre corps se détruisent et
rendent la mort définitive.* »

CHAPITRE XIV.

L'ÉCOLE LAÏQUE.

Instruire la jeunesse, lui inculquer en quelques années la quintessence de la pensée des anciens est une des fonctions les plus nobles, les plus utiles et les plus délicates de l'humanité : c'est la base même de son progrès.

Il y a eu en France et ailleurs une terrible rivalité à ce sujet entre l'Église, la famille et l'État. Nous allons consacrer le présent Chapitre à l'histoire de cette querelle.

En prononçant ces paroles mémorables : « *Rendez à César ce qui est à César et à Dieu ce qui est à Dieu* » (Luc, xx, 25), le Christ lui-même a prêché la séparation de l'Église et de l'État.

L'histoire des rapports de la France avec la religion catholique depuis quatre siècles est dominée par les sept dates suivantes :

1516, Concordat entre le pape Léon X et le roi François Ier;

1572, Massacre des protestants par Charles IX;

1598, Édit de Nantes, rendu par Henri IV, rétablissant la paix religieuse, admettant la coexistence des religions catholique et protestante, la liberté de conscience et le libre exercice de culte, sauf quelques restrictions;

1685, Révocation de l'Édit de Nantes par Louis XIV, prescription de la démolition des temples, interdiction de l'exercice du culte réformé, expulsion de ses ministres et défense à ses religionnaires d'émigrer;

1790, Constitution civile du clergé;

1801, Concordat entre le pape PIE VII et le premier consul BONAPARTE, rétablissant le culte catholique en France;

1905, Loi séparant les Églises et l'État.

Mgr LACROIX, ancien évêque de Tarentaise, directeur d'études à l'École des hautes études, a tracé de main de maître l'histoire de l'Église catholique romaine et de ses rapports avec l'État français depuis 1789.

Au moyen âge, les prêtres seuls ont répandu sur la jeunesse l'instruction en même temps que les dogmes de la religion.

La Constitution de l'an III a reconnu le droit sacré des pères de famille d'élever leurs enfants à leur guise et de confier à des professeurs spéciaux le soin de leur apprendre les sciences, les lettres, les arts, le civisme et la religion.

L'État a revendiqué ensuite le droit de préparer et de modeler chaque élève afin d'en faire un véritable citoyen, de même qu'il a celui de l'astreindre à accomplir son service militaire.

Comme l'a dit MICHEL, le 9 avril 1902, « *c'est l'école laïque qui est la pierre angulaire de la République, c'est l'école laïque qui est la base inébranlable de la concentration républicaine, c'est sous les plis du drapeau de l'Université que doivent se masser et se ranger toutes les forces républicaines* ». Le 1er août 1902, il a défini ainsi le programme de l'Université : « *Enseigner à aimer et à servir la France, enseigner à aimer et à servir la République.* »

LEYGUES a dit, avec autant de force que de netteté : « *L'éducation du peuple est, pour un pays républicain, une question de vie ou de mort; c'est la première et la plus importante fonction de l'État.* »

A une distribution de prix à Nouvion-en-Thiérache, le 16 août 1903, LAVISSE a dit que « *l'école garde la neutralité*

entre les religions, dont elle laisse l'enseignement à leurs mi-
nistres ».

A une distribution de prix à La Motte-Servolex, le 30 août 1903, THÉODORE REINACH a constaté de même qu'en présence de la multiplicité des religions, « *l'école publique a dû prendre le parti de s'imposer en matière religieuse l'abstention, la neutralité la plus complète* ». Selon leur conscience, les Français peuvent aller librement, les jours de culte, à l'église, au temple ou à la synagogue, mais « *il faut laisser la religion au domaine de la conscience et de la famille,* SANS LA PERSÉCUTER, *mais sans permettre qu'on cherche à l'imposer en quoi que ce soit à qui que ce soit. A défaut de ce principe d'unité qu'avait le passé, quel est donc celui qui nous reste pour le présent et pour l'avenir? Ce principe, c'est l'idée de patrie* ». Nous voudrions citer ses beaux développements patriotiques, mais cela sortirait de notre sujet.

A une distribution de prix au lycée de jeunes filles de Chambéry, ANTOINE PERRIER a rappelé, le 29 juillet 1904, les idées de Saint FRANÇOIS-DE-SALES, de JEAN-JACQUES ROUSSEAU, de Mgr DUPANLOUP et de PAYOT sur l'éducation des jeunes filles. Comme dit ce dernier, il faut « *en faire des personnes libres, c'est-à-dire des intelligences et des volontés affranchies. Notre éducation est une* ÉDUCATION LIBÉRATRICE.

Nous estimons que les jeunes filles devraient obtenir le libre accès dans toutes les écoles exclusivement réservées jadis au sexe laid et longtemps oppresseur.

Nous voudrions voir les femmes acquérir l'égalité de vote et d'éligibilité avec les hommes.

Sans doute, elles diffèrent physiquement des hommes, elles ont une vigueur physique généralement inférieure, elles ne peuvent pas matériellement faire certains travaux de force, elles doivent porter leurs enfants et les nourrir, et elles doivent en conséquence s'abstenir pendant plusieurs années, pour chacun de leurs enfants, de sortir de leur domicile. Comme dit SCHILLER dans *La Cloche*, elles ne peuvent pas, comme les hommes, sortir et travailler à la chasse du bonheur.

Mais, sauf toutes ces réserves, nous sommes aussi féministe que possible.

Avec CHARPENTIER, avec BOUTROUX, nous sommes énergiquement partisan de l'électorat et de l'éligibilité des femmes. Certes, il y a des femmes indignes, mais combien d'hommes le sont autant !

Fermons cette parenthèse et revenons à l'école laïque.

Avant d'accéder à la Présidence de la République française, RAYMOND POINCARÉ s'est exprimé ainsi, dans sa déclaration ministérielle du 16 janvier 1912 : « *Fidèles à la pensée de ses fondateurs, nous voulons que l'école laïque, si souvent calomniée par l'esprit de parti, demeure une école nationale ouverte à tous les enfants et scrupuleusement respectueuse de la liberté de conscience.* »

La Loi du 9 décembre 1905, brisant le Concordat de 1801 et séparant les Églises et l'État, est en vigueur depuis le 1er janvier 1906. Le Décret du 29 décembre 1905, portant règlement d'administration publique, en ce qui concerne l'inventaire prescrit par l'article 3 de ladite loi, a suscité dans son application des scènes de désordre et des mouvements tumultueux. Le Décret du 16 mars 1906, portant règlement d'administration publique, a été pris par application de ladite loi.

La lettre pastorale en date du 25 février 1906 de Mgr LACROIX, alors évêque de Tarentaise, contient au sujet de la loi du 9 décembre 1905 des remarques fort intéressantes. Le même prélat a prononcé le 14 novembre 1906 un fort beau discours devant les étudiants catholiques de Lyon.

Le 7 mars 1910 est mort à 64 ans le chanoine DOGNY, après une vie modeste et exemplaire, partagée entre le sacerdoce et le professorat. Mgr LACROIX, qui a été son élève, a dressé un pieux monument à sa mémoire. Le maître a servi à la fois les lettres et la religion et le disciple marche glorieusement sur ses traces dans ces deux voies. Tous deux estiment avec raison « *que l'entente est possible entre ces deux grandes forces sociales que sont l'Église et l'Université* » et « *que les antinomies de la science et de la vertu sont purement spécieuses* ».

La Société scientifique de Bruxelles s'est fondée en 1875 « *pour promouvoir l'étude des sciences mathématiques, physiques, naturelles, médicales et économiques et pour montrer l'harmonie de ces sciences avec les enseignements de la philosophie chrétienne et de la religion révélée* ». Elle a reçu la bénédiction du pape PIE IX; elle a pris pour devise : « *Nulla unquam inter fidem et rationem vera dissensio esse potest!* » et elle a su grouper les efforts de savants chrétiens aussi nombreux qu'éminents. De tout cœur, nous applaudissons à cette évolution de la religion.

La horde des Teutons vient de dévaster la Belgique. Nous souhaitons à la Société scientifique de Bruxelles de renaître de ses cendres, plus florissante que jamais.

En revanche, la guerre a apporté un apaisement, que nous souhaitons définitif, entre le Clergé et l'Université de France. Les sentiments de la plupart d'entre nous ont été épurés et ennoblis par l'adversité. Effet bienfaisant des plus grandes calamités !

Puisse une paix cordiale et durable régner entre la science et la religion !

CHAPITRE XV.

L'ÉDUCATION DES ENFANTS.

Après leur avoir « *infligé la vie* », suivant le mot célèbre, vrai et cruel de Chateaubriand, les parents ont le devoir d'assurer à leurs enfants le bonheur, dans la mesure du possible.

Trois drapeaux peuvent être suivis pour atteindre le souverain bien : celui d'Épicure, par le plaisir; celui de Zénon, par le devoir, et celui de la révélation naturelle (étudiée par Decès) en suivant les règles que Dieu nous a tracées.

Le bonheur est essentiellement subjectif et il a, suivant les hommes, les sources les plus variées.

La plus noble est le sacrifice volontairement fait à Dieu, à l'humanité, à la patrie, à une collectivité humaine ou à une personne de tout ou partie de notre vie, de notre santé, de notre repos, de notre fortune. Les martyrs, les missionnaires, les sœurs de Saint-Vincent-de-Paul, les guerriers, les lauréats du prix Montyon, goûtent des jouissances jusqu'à un certain point assimilables entre elles : tous ils font le *bien* et ils en retirent un bonheur intense.

Parmi les nombreuses définitions qui ont été données de la vertu, nous retrouvons la suivante : « *Trois amours immortels tiennent haut le cœur des hommes : Dieu, la Patrie et Maman* (¹). » Quiconque obéit aux règles d'une morale religieuse, se dévoue à sa patrie et chérit sa mère est bien près de la sagesse.

(¹) A. Westphal, *Journal des internés français*, 12 mai 1918.

La recherche, la contemplation, la création du *beau* dans les lettres et les arts, la découverte du *vrai* en mathématiques ou dans les sciences expérimentales sont aussi de pures sources de joie. Victor Hugo, Raphael, Michel Ange, Wagner, Newton, Pasteur les ont goûtées et les font partager à leurs admirateurs.

Les fidèles du bien, du beau et du vrai reçoivent souvent par surcroît l'admiration de leurs semblables, la béatification, les honneurs, la gloire, etc., mais qu'est tout cela auprès de la satisfaction qu'ils ont trouvée en eux-mêmes ?

Combien pâles sont les plaisirs que donne la fortune ! Habitations luxueuses, vêtements somptueux, bijoux de métaux et de pierres rares, nourriture raffinée, nombreux domestiques, voyages à travers le monde, etc. Et cependant pour combien d'hommes n'est-ce pas là que gît le bonheur !

Le langage de l'homme, plus compliqué et plus délié que celui des autres animaux, lui permet d'exprimer et de transmettre ses sensations, ses pensées, sa volonté. Grâce au langage, les parents peuvent et doivent enseigner à leurs enfants le mépris des richesses et le culte et l'admiration du bien, du beau et du vrai. Grâce au langage, ils peuvent et ils doivent leur transmettre les connaissances qu'ils ont reçues de leurs ancêtres ou qu'ils ont acquises par leur expérience de la vie. De la sorte, l'espèce humaine se perfectionne de siècle en siècle.

Ses origines sont encore contestées, mais l'homme, qui vivait jadis à Chelles, à Saint-Acheul, à Moustier, a donné naissance au Gaulois, duquel est issu le Français actuel, qui aura certes des descendants meilleurs que lui.

Quoi qu'il en soit, les progrès de l'humanité ne peuvent être atteints que par une pression exercée sur les enfants et par le modelage de ceux-ci suivant un idéal de plus en plus élevé.

Les aspirations naturelles, que les enfants doivent à l'atavisme, sont dirigées habituellement vers les joies gros-

sières qu'appréciaient exclusivement leurs lointains ancêtres. Les malfaiteurs, dont les exploits emplissent les
journaux, obéissent simplement à leurs aspirations ataviques.

Les parents, les professeurs, les bons camarades (dont
l'influence est presque aussi efficace que celle des mauvais)
donnent aux enfants les bienfaits de l'éducation, épurent
leurs aspirations naturelles et les éloignent de la barbarie
originelle.

Les bonnes dispositions qu'ont les enfants sont souvent
latentes et ils seraient généralement hors d'état de les discerner eux-mêmes. A leurs éducateurs la mission et l'honneur
de découvrir, de développer et de mettre à profit ces bonnes
dispositions.

Que les admirateurs du *bien* le cherchent, suivant leurs
tendances, dans le culte de Dieu, dans le dévouement à
l'humanité, au prolétariat, à la patrie, ou dans l'exercice de
la charité. Que les fervents du *beau* deviennent, suivant leurs
facultés, orateurs, écrivains, peintres, sculpteurs ou musi-
ciens. Que les curieux du *vrai* cultivent, suivant la nature
de leur intelligence, les Mathématiques, la Mécanique, la
Physique, la Chimie, la Biologie, l'Astronomie ou la Géologie.

Tout en méprisant les *richesses*, il est évident qu'il
faut en acquérir une certaine quantité pour subvenir aux
besoins de sa famille, besoins plus ou moins grands selon
la position de fortune des amis près desquels on vit et qu'on
est entraîné à imiter.

L'agriculteur, l'industriel, le commerçant, aussi bien que
le médecin, le juge et le professeur, et même que l'adminis-
trateur et le représentant du peuple, exercent, en somme,
des fonctions qui leur assurent le pain quotidien et qui
demandent le concours de facultés diverses.

Le succès d'un enfant dans une branche quelconque de
l'activité humaine sera d'autant plus grand qu'elle aura été
plus *adéquate* à des dispositions résultant soit de l'atavisme,
soit de l'éducation.

Les parents doivent s'efforcer de reconnaître les aptitudes de leurs enfants — et c'est souvent une tâche assez malaisée — et les diriger dans la voie où ces aptitudes leur seront de la plus grande utilité.

S'abstenir de cette direction, sous prétexte de sauvegarder la liberté de l'enfant, équivaudrait souvent à laisser en friche d'excellents terrains.

Les parents peuvent évidemment tenir compte de l'expérience qu'ils ont faite de la vie et en faire profiter leurs enfants, mais ils doivent se préoccuper surtout des dispositions de ceux-ci.

Laisser nos enfants chercher le bonheur selon leurs propres inspirations serait à notre avis une solution déplorable, qui favoriserait le développement des « Apaches » en faisant retomber l'humanité dans la barbarie.

Imposer à nos enfants l'existence que notre expérience nous a montrée comme la meilleure présenterait le double inconvénient d'entraver leur liberté et de frapper souvent de stérilité leurs bonnes dispositions et leurs aptitudes.

Persuader à nos enfants de choisir l'existence qui nous paraît, d'après leurs aptitudes et d'après notre expérience de la vie, la plus propre à assurer leur bonheur est une solution mixte, qui nous semble de tout point recommandable.

De la sorte, nous respectons la liberté de nos enfants,

nous nous bornons à leur donner des conseils et des exemples et à leur vanter le *bien*, le *beau* et le *vrai*,

nous découvrons leurs aptitudes particulières, qu'ils seraient souvent inaptes à reconnaître eux-mêmes,

nous les faisons profiter du trésor des connaissances amassées au cours de notre voyage à travers la vie,

et nous nous préoccupons avant tout du bonheur de ces chers petits.

Nos enfants, c'est l'avenir, et quand nous les perdons, nous sommes inconsolables.

CHAPITRE XVI.

LE MATÉRIALISME DE BUCHNER ET DE HAECKEL.

Le Dr Louis Buchner a publié en 1855 la première édition de son livre « *Kraft ùnd Stoff* » qui lui a valu une renommée universelle et qui n'a pas été traduit en moins de 13 langues différentes, et il y a apporté de nombreuses retouches jusqu'à sa mort, survenue en 1899. Il a consacré à cette tâche la plus grande partie de sa longue et laborieuse carrière.

Les frères Schleicher ont publié en 1906 une 8e édition française, traduite sur la 17e édition allemande, avec une Notice bio-bibliographique par Victor Dave.

Nous allons prendre corps à corps ce livre, qui est le véritable code du matérialisme, et, à défaut de l'auteur, ses élèves pourront nous répondre.

Ce livre porte le sous-titre suivant, explicatif de l'esprit dans lequel il est rédigé : « Immortalité de la matière. Immortalité de la force. Infini de la matière. Éternité du mouvement. Universalité des lois de la nature. Périodes de création de la Terre. Cerveau et âme. La pensée est une fonction du cerveau. La conscience. Siège de l'âme. Dieu créé par l'homme à son image. Impossibilité du libre arbitre. La Morale opposée à la Religion. »

Nous allons présenter au sujet de ce livre les remarques suivantes :

I. *Religions.* — Buchner n'hésite pas à déclarer la guerre

à toutes les religions en adoptant cette phrase de G.-H. Schneider : « *Aussi la croyance en Dieu ne se rencontre-t-elle plus aujourd'hui que chez ces prétendus savants qui, dans leur ignorance à peu près parfaite des processus naturels, sont forcés de rapporter les phénomènes physiques les plus simples à la volonté d'un Dieu personnel.* »

Il nous paraît que la science, livrée à elle-même, est totalement impuissante à se prononcer sur l'existence ou la non-existence de Dieu. La science et la religion ont des domaines distincts et des moyens d'investigation totalement différents. Nous l'avons déjà dit et nous ne saurions trop y insister.

La science est unique, bien que de nombreux savants aient émis des erreurs, soit par suite d'une fausse interprétation du témoignage de leurs sens, soit par suite d'hypothèses prématurées. La religion est multiple. Toutes les opinions religieuses sont éminemment respectables, à la triple condition qu'elles soient sincères, désintéressées et tolérantes.

Comme l'a dit très justement DE QUATREFAGES en 1890, « *on ne doit contester en aucune façon aux hommes de science le droit d'avoir et de professer des opinions, soit religieuses, soit philosophiques, mais il faut demander de ne jamais les mêler aux discussions scientifiques* ».

BUCHNER dit lui-même : « *Que chaque individu croie ce que bon lui semble et laisse le champ libre à son imagination, du moment où la science l'abandonne!* » Il ajoute, et peut-être avec raison, que « *la foi et la raison sont deux royaumes distincts, dont les frontières se déplacent incessamment au profit de cette dernière* ».

Nous ne pouvons nous empêcher de constater combien il serait fâcheux que la foi disparût complètement, car, par l'espérance ou le mirage d'un bonheur infini après la mort, elle met un frein aux passions humaines et amène ses adeptes à sacrifier leur bonheur terrestre à celui d'autrui.

Buchner se pose une objection et y répond ainsi : « *La vérité est bien au-dessus de toutes les considérations de morale ou d'utilité et ne peut être reniée en raison de ses conséquences, quelque terribles qu'elles soient.... Ce que la science et la vérité anéantissent d'un côté, elles le rendent au centuple de l'autre.* » Il ajoute plus loin que « *la religion nuit à la moralité en ce sens qu'elle lui donne un but égoïste, tandis que la véritable vertu morale doit trouver sa récompense en elle-même et dans le fait qu'elle sert la société et par conséquent l'individu qui en est membre* ».

Buchner nous paraît se leurrer en attribuant au développement de la civilisation le pouvoir d'élever la moralité humaine et de diminuer le nombre des crimes. Il est vrai qu'il est bien difficile d'apprécier la moralité moyenne d'un peuple ou de l'humanité à une époque déterminée.

Rappelons enfin que la tendance actuelle de la religion la rapproche de la science.

II. *Opinions religieuses des hommes.* — Buchner s'efforce de démontrer que, contrairement aux dires des spiritualistes, la croyance en un Dieu, plus ou moins anthropomorphe, et en la vie éternelle n'a été et n'est admise que par une minorité de l'espèce humaine. Cette démonstration nous laisse tout à fait indifférent, car pour nous le *consensus gentium*, le sens commun n'est rien de plus que l'opinion, sans cesse perfectible, d'une majorité d'ignorants et de faibles d'esprit.

III. *Lois naturelles.* — Relativement aux lois naturelles, Buchner émet cette opinion, qu'elles ne régissent nullement la matière et la nature, mais qu'elles ne font qu'un avec elles, qu'elles en constituent en quelque sorte l'essence.

IV. *Matérialisme.* — La formule matérialiste que Buchner énonce sous cette forme lapidaire :

« A LA SUBSTANCE OU A LA MATIÈRE SONT IMMANENTES

NON SEULEMENT LES FORCES PHYSIQUES, MAIS ENCORE LES FORCES INTELLECTUELLES, »

n'est en somme rien de plus qu'une hypothèse. BOLLIGER dit que « *la polémique moderne contre le matérialisme est la plus ridicule des guerres* », mais cette guerre n'est pas terminée : BUCHNER le reconnaît lui-même.

Pour notre part, nous préférons admettre cette autre hypothèse, que l'éther, les forces et les âmes sont trois groupes d'entités, *rerum* comme auraient dit les Latins, dont l'ensemble constitue l'univers. Pour nous, la matière est de l'éther condensé en *vortices* plus ou moins stables, les forces et les âmes sont autre chose que l'éther et la matière, mais nous ignorons totalement la nature intime de ces éléments et les liens qui les unissent.

V. *Objectivité de l'espace, du temps et de la matière.* — Avec RADENHAUSEN, avec MACH et de nombreux savants, BUCHNER nie l'existence objective de l'espace et du temps. Pour notre part, tout en constatant que toutes nos connaissances sont nécessairement subjectives, nous admettons que tout paraît se passer comme si l'espace et le temps existaient objectivement.

Nous regardons le temps comme une réalité fondamentale et non comme une invention de l'homme. Nous admettons que tout phénomène résulte non seulement des phénomènes antérieurs, mais encore de la volonté libre des êtres vivants. On attribue généralement un effet à une ou à plusieurs causes principales et, faute de discerner ces causes principales, on attribue un événement au hasard, c'est-à-dire à un ensemble de causes indiscernées.

BUCHNER renonce volontiers à prolonger la discussion avec des adversaires fantastiques, qui vont jusqu'à nier ou à mettre en doute l'existence de la matière. A force de vouloir pousser loin la critique scientifique, certains auteurs arrivent aux confins de l'absurde.

Pour notre part, nous considérons la matière comme de l'éther condensé, animé de mouvements giratoires, et nous admettons que la matière existe et se meut dans l'espace et dans le temps.

VI. *L'infiniment grand et l'infiniment petit.* — BUCHNER admet que le monde est infiniment grand et formé de parcelles infiniment petites. Cependant, nous ne voyons pas d'astres à plus de cent siècles environ de lumière, soit à plus de cent millions de milliards de kilomètres (10^{20} mètres), et au delà de cette distance, *infiniment petite par rapport à l'infini proprement dit*, nous ignorons absolument ce qui peut exister.

D'autre part, le nombre des molécules comprises dans 1^{cm^3} d'air à la pression atmosphérique et à la température de la glace fondante, qui est probablement de quelques quintillions, a été évalué par BUCHNER à 21 trillions ([1]).

Chaque molécule d'azote ou d'oxygène comprend deux atomes, chaque molécule d'acide carbonique ou d'eau en contient trois. Il en résulte que, loin d'être infiniment petits, les atomes sont *infiniment grands par rapport à l'infiniment petit proprement dit.*

Tout aussi bien qu'à l'homme, on peut appliquer à l'atome et à l'univers visible la belle définition de PASCAL : « *Qu'est ce que l'homme dans la nature? un néant à l'égard de l'infini, un tout à l'égard du néant, un milieu entre rien et tout.* »

VII. *Immortalité de la matière et de la force vive.* — BUCHNER prend pour base de la science l'immortalité ou la conservation de la matière et de la force (vive ?) et l'impossibilité de faire sortir de rien ou de faire rentrer dans le néant soit de la matière, soit de la force (vive ?).

([1]) Nous avons rappelé, Chapitre IV, comment divers savants avaient évalué ce nombre entre 4.10^{18} et 6.10^{21}. En le fixant à 21.10^{12}, BUCHNER a évidemment commis un grave *lapsus calami.*

Ces deux principes paraissent être simultanément en défaut dans le cas du radium et des autres corps radioactifs, qui émettent des radiations susceptibles de provoquer la phosphorescence de corps phosphorescents ou de produire des actions physiologiques très intéressantes, tour à tour utiles ou dangereuses, sans que ces radiations aient aucune source connue, si ce n'est la disparition, la transformation en hélium ou en éther d'une certaine quantité, jusqu'ici non mesurée, de la matière radioactive.

Peut-être, par une légère modification, les théories de Buchner seraient-elles conciliables avec l'existence des matières radioactives.

Henri Becquerel, Curie et Mme Curie, en étudiant les substances radioactives, ont soulevé un coin du voile qui couvrait jusqu'ici la création du monde et ils ont été récompensés de leurs belles découvertes par l'attribution du prix Nobel.

Le Dr Gustave Le Bon a dit en 1905 que « *les atomes de tous les corps peuvent s'évanouir sans retour en se transformant en énergie* ».

VIII. *Évolution du monde*. — Il nous paraît douteux que l'évolution du monde le ramène jamais, comme l'affirme un peu légèrement Buchner, à l'état de nébuleuse cosmique, d'où il est parti. Pour nous, l'évolution du monde est plutôt irréversible (*voir* Chap. IX).

IX. *Génération primitive*. — Une question fort délicate pour quiconque nie l'intervention Divine est celle de la première apparition de la vie sur la terre, de la « *génération primitive* », comme dit Buchner.

Nous avons traité cette question dans le Chapitre XII.

C. Flammarion dit poétiquement : « *La vie se développe sans fin dans l'espace et dans le temps, elle est universelle et éternelle, elle emplit l'infini de ses accords et elle régnera à travers les siècles des siècles, durant l'interminable éternité.* »

Edgard Quinet déclare que la vie est cosmique, quant à sa nature et quant à son origine, et qu'elle est aussi ancienne et aussi répandue que la matière elle-même.

Buchner admet également que « *les germes ou les premiers principes de vie ont existé de toute éternité, soit dans les masses gazeuses informes qui ont constitué la terre en se condensant, soit dans les espaces cosmiques, d'où ils seraient tombés sur l'écorce terrestre après sa formation et son refroidissement, pour arriver à éclore accidentellement et à se développer sur les points seuls où se trouvent réunies les conditions exté-rieures nécessaires et indispensables* ». Il ajoute que « *la substance organique a dû apparaître quelque part et d'une certaine façon sous forme de protoplasma, de matière proto-plastique ou vitale* ».

X. *Évolution des êtres vivants.* — L'évolution des êtres organisés, depuis la monère de Haeckel (dont nous avons dit un mot au Chapitre XII) jusqu'à l'homme et jusqu'aux végétaux dicotylédones, est exposée par Buchner de façon magistrale. Il se résume en disant que « *ce qui actuellement persiste dans le monde, c'est ce qui a résisté à une infinité d'essais et survécu à des processus de développement sans nombre* ».

Après avoir dit que la plante se transforme insensiblement en animal, il énonce cette assertion, parfaitement juste à notre sens, que les végétaux et les animaux se sont déve-loppés dans deux directions différentes en partant des pro-tistes, êtres primordiaux qui forment la transition entre les deux règnes.

XI. *Nature de la pensée.* — Buchner admire la force et la précision de cette définition de Paul de Lilienthal : « *La pensée est un mouvement condensé* », et il en donne des développements, que nous avouons, avec humilité, avoir imparfaitement saisis.

Il déclare indifférent « *de savoir pourquoi et comment les atomes, les cellules nerveuses et d'une façon générale la matière peuvent produire la sensibilité ou la conscience ».* Ces points nous paraissent essentiels et nous regrettons vivement d'être laissés dans le vague à leur égard.

Il dit, avec infiniment de raison, que « *les animaux, tout comme les hommes, bien qu'à un degré moindre, pensent, apprennent, connaissent, ressentent et réfléchissent* ». Nous ajoutons qu'il en est de même des plantes, puisque, comme le reconnaît BUCHNER, il est impossible de distinguer un animal inférieur d'un végétal inférieur, et que, d'autre part, les plantes et les animaux ont eu probablement les mêmes premiers ancêtres.

XII. *Idées de justice et de beauté.* — BUCHNER conteste l'innéité et l'absolu des idées de justice et de beauté. Nous sommes de son avis et nous admettons que les hommes ont par l'atavisme les notions du juste et du beau, qu'ils les développent singulièrement par l'éducation, que ces idées n'ont qu'une existence subjective et qu'elles dépendent, dans une large mesure, de l'observateur, de sa race et de son niveau intellectuel.

XIII. *Spiritualité de l'âme.* — BUCHNER prétend qu'il n'est plus question aujourd'hui de la « *soi-disant force vitale* ». C'est faire bon marché de tout le clan des spiritualistes, qui croient à l'existence de l'âme humaine, animale ou végétale. Nous admettons fermement, avec HIRN, que chaque plastidule, constitutive d'un être vivant, possède une *âme* qu'on appelle aussi *principe psychique* ou *force vitale* (bien qu'elle ne soit en aucune façon une force) et que cette âme dispose *à son gré* d'une certaine quantité de travail positif.

Les *Diatomées* et d'autres végétaux inférieurs ont des mouvements propres; la plupart des végétaux dirigent leurs organes vers le côté d'où vient la lumière; la *Sensitive* et quelques autres végétaux effectuent, quand on les touche, des mouvements qui dénotent une véritable sensibilité, susceptible, comme celle des animaux, d'être anesthésiée par l'éther ou le chloroforme; il en est de même de la *Dionée attrape-mouches* et de l'*Utriculaire piscivore* qui absorbent des insectes ou des poissons et qui s'en assimilent la substance par un phénomène exceptionnel dans le monde végétal; la *Vallisneria spiralis* effectue du travail positif au moment de la fécondation; mais la plupart des végétaux ne se déplacent que sous l'action des forces extérieures : ceci tient à ce que *leur âme ne dispose que d'une très faible quantité de travail positif.*

De Lacaze-Duthiers a très justement assimilé, dès 1888, à des sociétés coopératives les ensembles de cellules douées de fonctions vitales diverses, qui constituent une *vélelle,* une *porpite,* une *physalie,* etc.

Buchner relate la faculté des *naïs* de voir chacun de leurs fragments, quand on les a découpées en 40 morceaux, se développer en un animal complet.

Le Dantec voit dans la conscience individuelle de l'homme la sommation des consciences des plastides élémentaires dont la réunion constitue son corps.

L'âme humaine, telle que nous la comprenons, est le syndicat, la république de toutes les âmes des cellules élémentaires de l'homme et, par conséquent, elle est multiple et variable depuis la conception de l'individu jusqu'à sa mort. En cela, d'ailleurs, nous ne croyons pas être en désaccord absolu avec Buchner.

Pas plus que lui, nous ne croyons à l'existence « *d'une force organique particulière, produisant les phénomènes vitaux par elle-même et indépendamment des lois générales de la nature* ». Mais chaque plastidule dispose, pendant chaque seconde, d'un certain nombre d'*ergs* reçus de l'extérieur ou produits par les réactions exothermiques, dont elle est le théâtre. Elle peut les appliquer « **à son gré** » pour déplacer soit son propre corps, soit ceux qui l'environnent.

Nous soulignons ces trois mots, car, pour nous, toute la question est là.

XIV. *Libre arbitre.* — Buchner nie l'existence du libre arbitre, et là réside le plus grave désaccord entre lui et nous. Sans doute, comme il le dit, l'organisation spéciale de chaque individu, ses aptitudes physiques et intellectuelles, ses impulsions, ses penchants, ses analogies de caractère, etc., qui lui ont été transmises par ses parents ou par ses ancêtres, la culture, l'éducation, l'exemple, les circonstances extérieures de la vie et l'action du milieu, au sein duquel l'individu se meut, *influent* sur la décision qu'il prend à chaque instant, mais ils ne la *déterminent* pas d'une façon absolue. Chaque plastidule, constitutive d'un végétal ou d'un animal, choisit *à son gré* à quelles masses et dans quelles directions elle applique les ergs dont elle dispose. Elle est entièrement *libre* dans ce choix. Le libre arbitre de l'homme résulte pour nous de celui de chacune des cellules dont son corps est constitué.

Bénard le définissait ainsi en 1868 : « *Le libre arbitre ou la liberté morale est le pouvoir qu'a une cause de se déterminer par elle-même, sans y être contrainte par aucune nécessité extérieure ou intérieure, Une telle cause est maîtresse de ses actes ou de ses déterminations.... La volonté choisit avec la parfaite conscience de pouvoir choisir autrement et se déterminer en sens contraire.* »

« *Que chacun de nous, dit* Bossuet, *s'écoute et se consulte lui-même, il sentira qu'il est libre, comme il sentira qu'il est raisonnable.* » Cette phrase lapidaire a répondu d'avance aux négations de Buchner.

Si nous n'étions pas libres, que signifieraient la responsabilité des actions, le vice et la vertu, le mérite et le démérite, la récompense et le châtiment, la satisfaction morale et le repentir, la louange et le blâme, l'admiration et le mépris, les demandes, les prières, les conseils, les exhortations, les promesses, les conventions, etc. ?

La Société ne sait pas avec certitude où est le bien et où est le mal. Elle récompense les hommes qui font ce qu'elle croit être le bien et elle se défend contre ceux qui l'attaquent, mais elle n'a pas le droit de punir les hommes qui font ce qu'elle croit être le mal.

Ovide a donné jadis du libre arbitre une lumineuse démonstration dans les célèbres vers suivants :

« *Video meliora proboque ;*
« *Deteriora sequor.* »

Le corps de l'homme produit par seconde 310 megergs ou un peu plus de 3 kilogrammètres. Son âme en dispose *librement* en tenant compte naturellement des forces extérieures.

Nous sommes d'accord avec Buchner et avec les auteurs qu'il cite, sur les deux points suivants :

« *Notre vie tout entière, comme notre organisation, reposent à la fois sur la nécessité et sur la liberté (Die Gottesidée).* »

« *Le crime et la folie sont deux jumeaux et le criminel agit peu sous l'influence de la liberté morale et de la détermination spontanée.* » (Benedikt, in *C. R. du Congrès des Naturalistes de Graz*, 1875.)

XV. *Survivance de l'âme au corps.* — Buchner nie qu'on puisse « *fournir l'ombre d'une preuve pour établir la possibilité de l'existence de l'esprit en dehors de la matière* ».

Nous avons traité cette question au Chapitre VI et nous y reviendrons dans les deux Chapitres XVIII et XIX.

Pour notre part, nous croyons la science impuissante à la trancher dans un sens ou dans l'autre..... *et adhuc sub judice lis est.*

XVI. *Résumé.* — Buchner est terriblement dogmatique et affirmatif, mais les questions qu'il traite sont à la fois du plus haut intérêt et de la plus grande difficulté. Nous avons essayé d'apporter à leur solution, disons plus modestement à leur examen, une légère contribution.

Il nous est arrivé parfois de critiquer certains dires de Buchner, de relever des erreurs ou un *lapsus calami*, d'émettre des doutes sur certaines assertions et de trouver notre auteur en désaccord avec lui-même.

A notre humble avis, la vérité est entre le matérialisme intransigeant de Buchner et le spiritualisme absolu de Louis Elbé, et la science doit être l'amie, mais non la servante de la religion.

Buchner admet que celui qui considère comme nécessaire ou comme désirable pour la paix de son âme de se procurer deux consciences absolument séparées, une conscience scientifique et une conscience religieuse, et de tenir, en quelque sorte, ses livres en partie double, en use ainsi avec lui-même, s'il ne recule pas devant les difficultés logiques de ce dualisme, mais il lui demande de ne pas l'introduire dans la science ou dans l'étude raisonnée de l'existence.

A part le *lapsus calami* relevé au paragraphe VI, il est incontestable que « *Force et Matière* » est une œuvre pleine de science et de poésie; elle ouvre des horizons sans fin à la pensée et elle s'efforce de montrer comment la matière et les êtres vivants ont pu évoluer sans le secours ni la direction d'une intervention étrangère. Que la célèbre réponse de Laplace à Napoléon Ier, lui demandant pourquoi il ne parlait pas de Dieu dans sa *Mécanique céleste*, soit authentique ou non, Buchner a eu raison de la citer, car tout son livre n'est que le développement de cette pensée :

« *Sire, je n'ai pas eu besoin de cette hypothèse !* »

A côté de Buchner a pris place Haeckel, professeur à l'Université d'Iéna, mort en 1919.

Il a écrit notamment la *Morphologie générale*, l'*Histoire de la création*, l'*Anthropogénie*, les *Énigmes du monde* et le *Monisme comme lien entre la Science et la Religion*.

Bien qu'il se défende d'avoir eu la prétention de résoudre toutes les énigmes du monde, il a osé aborder les questions les plus ardues et son imagination a forgé une hypothèse pour expliquer chaque cas difficile.

De Cyon, dont nous avons parlé aux Chapitres I, II, VII et dont nous reparlerons au Chapitre XIX, le combat avec âpreté et l'accuse de mauvaise foi.

Peut-être Haeckel ne mérite-t-il pas cette sévère condamnation?

CHAPITRE XVII.

LE POSITIVISME D'AUGUSTE COMTE ET DE STUART MILL.

Avant 1830, chaque science expérimentale émettait des hypothèses, sans se soucier des sciences voisines.

Auguste Comte a publié de 1830 à 1842 son *Cours de Philosophie positive*, magistrale synthèse des sciences expérimentales ; Rancourt a publié en 1834 son *Cours normal de Philosophie positive*, et Littré a publié en 1845 son *Analyse raisonnée du cours de Philosophie positive* d'Auguste Comte.

En 1863, il a publié *Auguste Comte et la Philosophie positive*.

En 1857, C. de Blignières a publié une *Exposition abrégée et populaire de la philosophie et de la religion positives*.

En 1860, le Dr Robinet, médecin d'Auguste Comte, a publié une *Notice sur son œuvre et sur sa vie*.

Les positivistes condamnent *a priori* les théories métaphysiques, sans remarquer que, comme dit Paul Janet, « *quiconque pense et réfléchit sur les origines des choses est un métaphysicien* ».

John Stuart Mill a publié *Auguste Comte et le positivisme* et son livre a été traduit en français en 1868 par le Dr G. Clemenceau.

Trois ans après, à l'Assemblée de Bordeaux, Clemenceau promettait avec une pléiade d'illustres députés, à leurs collègues alsaciens et lorrains, la défense éternelle de leurs droits.

En 1918, dernier survivant de ce groupe, il triomphait de nos ennemis en qualité de Ministre de la Guerre, Président du Conseil.

Le 19 février 1919, tout Paris a frémi d'indignation en apprenant qu'un assassin anarchiste avait tiré sur lui plusieurs balles dont une avait pénétré près de l'omoplate droite. Il s'est rapidement guéri de cette blessure et il a pu reprendre le 27 février 1919 la présidence de la Conférence des Alliés.

Beaux débuts et beau couronnement d'existence !

Le petit livre qu'il a traduit résume les théories émises par Auguste Comte dans son *Cours de Philosophie positive* et dans ses dernières publications :

Système de politique ou Traité de Sociologie constituant la religion de l'humanité, 1851-1854.

Catéchisme positiviste ou sommaire exposition de la religion universelle en 11 entretiens systématiques entre une femme et un prêtre de l'humanité, 1852.

Appel aux conservateurs, 1855.

Synthèse subjective ou système universel des conceptions propres à l'état normal de l'humanité. Tome I, contenant le système de logique positive ou Traité de philosophie mathématique, 1856.

En 1864, Taine a fait paraître une étude sur *le positivisme anglais* et sur Stuart Mill.

Après avoir vanté Bacon et Hume, Descartes et Condillac, Kant et Hegel, il fait un grand éloge de Mill et de la théorie qu'il donne de la définition, de la preuve, de l'axiome, de l'induction et de la déduction. Mill a surtout eu le grand mérite de guider la pensée humaine et d'insister sur la valeur de l'expérience.

En 1899, Lévy-Bruhl a publié des lettres inédites de John Stuart Mill à Auguste Comte, les réponses de Comte et une Introduction.

Le rapprochement et la séparation de ces deux éminents philosophes constituent des épisodes très intéressants de l'Histoire de la philosophie.

La librairie E. FLAMMARION a publié en 1916 le 7e mille du *Matérialisme actuel* par BERGSON, H. POINCARÉ, CH. GIDE, le pasteur CH. WAGNER (1), FIRMIN ROY, DE WITT-GUIZOT, FRIEDEL et GASTON RIOU, avec une préface de PAUL DOUMERGUE.

Ce sont des études qui ont été données d'abord à Paris, aux conférences de Foi et Vie, ou à Bordeaux.

Ces éminents conférenciers ont combattu le matérialisme envisagé sous des points de vue très divers et ils l'ont appelé « *une dépréciation des valeurs humaines au profit des choses* » (2) et même « *la plus gigantesque et la plus déconcertante et la plus stérile illusion, dont nous puissions être victimes* » (3).

---

(1) Il a pris la parole le 17 février 1918 en l'église de la Rédemption, à Paris, à propos du 47e anniversaire de la protestation des députés alsaciens-lorrains à l'Assemblée nationale de Bordeaux. Il est mort le 12 mai 1918. Comme auteur de *Jeunesse*, de *Vaillance*, de *Justice*, de *La vie simple* et de *L'ami*, il jouissait d'une grande autorité morale.

(2) *Le matérialisme dans les mœurs*, par CH. WAGNER.

(3) *Le matérialisme et la littérature*, par F. DE WITT-GUIZOT.

CHAPITRE XVIII.

LE SPIRITUALISME

DE WOILLEZ, DE DECÈS, DE BARTHÉLEMY-SAINT-HILAIRE DE DE FREYCINET ET DE BOUTROUX.

Nous allons analyser dans le présent chapitre cinq Ouvrages de philosophie spiritualiste et scientifique.

WOILLEZ a publié en 1877 « *L'homme et sa science au temps présent* » et il y a énergiquement combattu BUCHNER, RANCOURT, A. COMTE, LITTRÉ et tous les matérialistes et positivistes.

Il parle tour à tour de la matière et des forces, des causes premières et de la science, de l'origine de l'homme, de l'organisation humaine, de l'intelligence et du pouvoir de l'homme, de la sociologie, des fins de l'homme et de la science.

Il affirme que « *la science mène à Dieu* » et que « *la philosophie est impossible sans Dieu* ».

Il se demande, et nous nous demandons avec lui « *comment on a pu voir dans le corps humain une simple matière agissant sous la direction aveugle des forces dites naturelles* ».

Il dit avec PASTEUR que transformer un corps inactif en un corps actif « *c'est là ce qu'on n'a jamais fait; c'est là, au contraire, ce que la nature vivante fait sans cesse sous nos yeux* ».

Il nie avec raison, selon nous, qu'un corps matériel, par son mouvement ou autrement, puisse produire l'esprit.

Il préfère à l'éducation laïque, donnée par l'Etat et par ses professeurs spéciaux, l'éducation religeuse donnée par les parents et par les prêtres.

Comme l'abbé MOREUX, dont nous avons relaté l'opinion au Chapitre VI, le Dr WOILLEZ a, par la grâce de Dieu, le bonheur d'être chrétien et de croire à la résurrection de la chair.

DECÈS a publié en 1883 la seconde édition de « *Science et Vérité* ».

Il « *cherche à découvrir par la méthode expérimentale, la vérité, le principe de causalité, la cause première et les lois de la morale naturelle, sans recourir à aucune hypothèse* ».

Le livre est présenté sous la forme de discussions entre trois amis d'enfance : un docteur matérialiste modéré, un philosophe spiritualiste (Ariste) et un abbé.

Après avoir discuté sur l'objet de leurs études, sur leur méthode et sur l'origine et les caractères des vérités naturelles, ils examinent successivement les phénomènes, lois et causes de la gravité, de la vie, de l'instinct, de la nature, ils cherchent la cause première et la vérité et ils confrontent la science et la révélation naturelle.

Ariste définit l'âme avec Saint THOMAS D'AQUIN : « *Anima dicitur esse primum principium vitœ in his quœ vivunt* ». Nous contresignons cette magistrale définition.

Ce livre est rempli de faits éminemment intéressants, surtout en ce qui concerne l'organisme, l'instinct et l'intelligence des animaux et des végétaux, toutes questions sur lesquelles le Dr DECÈS se montre spécialement compétent.

Où nous ne sommes plus d'accord avec lui, c'est quand, résolument créatiste à la suite de CUVIER, d'AGASSIZ, de DE BLAINVILLE, etc., il affirme l'apparition spontanée et successive du premier couple de toutes les espèces qui ont peuplé la terre.

Il ne spécifie pas d'ailleurs si ce premier couple est apparu à l'état adulte ou à l'état embryonnaire.

Il estime que Dieu a une existence réelle et que ses perfections ne sont ni des hypothèses, ni même des abstractions. Il dit avec le CONCILE DU VATICAN que « *Dieu, principe et fin de toutes choses, peut, à l'aide des choses créées, être connu d'une manière certaine par les lumières de la raison* ».

Le Chapitre final appartient plutôt à l'éloquence de la chaire.

Ariste appelle *révélation naturelle* l'ensemble des volontés que Dieu a imprimées dans l'ordre général auquel tout est soumis, dans l'organisme humain, dans les instincts de l'homme et dans sa conscience, témoin caché qui l'observe et le juge.

Il conclut ainsi : « *N'oubliez pas, cher abbé, que Dieu, comme un excellent maître, a pris soin de nous laisser deux écrits parfaits, ceux de la Création et de l'Écriture sainte, et que j'ai pu choisir légitimement celui de la création, si peu lu et si peu étudié jusqu'ici.* » Et l'abbé lui répond : « *J'applaudis à vos efforts, Ariste, mais je leur préfère l'enseignement de l'Écriture sainte.* »

En somme *Science et Vérité* s'est efforcé de démontrer par la science l'existence de Dieu, de même que *Kraft ünd Stoff* a essayé de la combattre.

Comme nous l'avons dit plusieurs fois, nous nous abstenons de nous prononcer sur cette question, la plus grave que l'homme ait à se poser.

Il est impossible de ne pas constater la sécurité qu'apporte à la conscience humaine « *l'existence d'un Dieu créateur dont les œuvres attestent la suprême intelligence, la sagesse infinie, la prescience, l'omniscience, l'omnipuissance, la providence et l'infinie perfection* (DECÈS) ».

Toutefois, à notre humble avis, conscience et science sont et doivent rester distinctes l'une de l'autre, amies, mais indépendantes.

Barthélemy-Saint-Hilaire a fait paraître en 1889: *La Philosophie dans ses rapports avec les sciences et la religion*, exposé classique des doctrines spiritualistes.

Son livre comprend les cinq Parties suivantes :

La philosophie au XIX° siècle ;
La philosophie et les sciences ;
La philosophie et la religion ;
La philosophie et la religion en France ;
Conclusions.

Barthélemy-Saint-Hilaire constate « *qu'il y a autant de philosophies que de philosophes* », mais il tient fermement pour la philosophie spiritualiste.

A ses yeux, la philosophie reste « *toujours tellement belle que, selon le dire d'un ancien* (1), *les Dieux mêmes l'envieraient aux mortels si jamais la jalousie pouvait approcher de l'âme des Dieux* ».

Il est certain que la recherche des « Comment ? » et des « Pourquoi ? » est la partie la plus attirante des sciences, mais c'en est aussi la partie la plus décevante, car jamais elle n'atteint la certitude.

Un des vénérés doyens, parmi les anciens élèves de l'Ecole Polytechnique, où il est entré en 1846, de Freycinet, qui a assisté Gambetta, pendant qu'il sauvait l'honneur de la France en poursuivant la guerre néfaste de 1870-1871, qui a été inspecteur général des mines et ministre, qui est aujourd'hui sénateur et membre de l'Académie française et de l'Académie des sciences, a publié en 1900, précisément chez notre éditeur Gauthier-Villars, la seconde édition de ses *Essais sur la philosophie des sciences (analyse et mécanique)*.

Nous avons essayé de suivre dans cet Ouvrage la voie tracée

____

(1) Aristote, *Métaphysique*, I, 19.

par DE FREYCINET, en tenant compte des progrès réalisés depuis le début du xxᵉ siècle tant par la science que par la philosophie.

Il a étudié, avant nous, l'espace, le temps, la matière et la force, qui font l'objet de quatre de nos premiers Chapitres.

Nous rendons hommage à la robustesse de son bon sens, à la limpidité de son exposition et à l'abondance des idées qu'il suggère.

Quand il affirme que l'initiative d'un être vivant n'implique pas une production de mouvement, mais se réduit à un pouvoir directeur ou décrochant, nous contresignons des deux mains cette assertion.

Nous acceptons, sous bénéfice d'inventaire, l'hypothèse suivante qu'il émet : « *Le Soleil a reçu une provision limitée d'énergie; cette provision a diminué et elle est destinée à s'épuiser au bout d'un certain délai.* » Peut-être le Soleil récupère-t-il de l'énergie ?

Nous sommes en désaccord avec DE FREYCINET sur les trois points suivants :

1º Il définit la matière « *tout ce qui a de la masse ou tout ce qui exige de la force pour acquérir du mouvement* ». Cette définition a le tort de s'étendre à l'éther interstellaire, qui est l'essence de la matière, mais non une matière proprement dite. Pour nous, la propriété caractéristique de la matière est l'attraction universelle, dont la pesanteur est un cas particulier.

2º Il admet la généralité de la loi d'égalité de l'action et de la réaction, bien qu'elle ne s'applique pas aux forces qui s'exercent entre deux particules d'éther en mouvement.

3º Sans citer le vieux préjugé « *Corpora non agunt ubi non sunt* », ébranlé par trois lutteurs, nos maîtres BOSCOVICH, KANT et HIRN, il paraît l'admettre avec NEWTON.

L'auteur, à qui ces objections ont été communiquées, nous a formulé de vive voix les réponses suivantes :

« 1° *Je doute que l'éther ait une masse, puisqu'il n'arrête pas le mouvement de la matière. Il est vrai que nous ne savons rien des forces qui peuvent s'exercer entre l'éther et la matière.*

« 2° *En affirmant l'universalité de la loi de l'égalité de l'action et de la réaction, je n'envisage pas l'éther.*

« 3° *Au sujet de l'existence ou de la non existence de la force à distance, je n'ai pas d'opinion formelle.* »

DE FREYCINET n'aborde ni la question de l'âme ni celle de Dieu, mais il se prononce implicitement pour le spiritualisme de PASCAL, et il est adversaire du déterminisme et partisan de la liberté.

E. BOUTROUX a publié en 1908 : *Science et religion dans la philosophie contemporaine.*

Il examine les théories naturalistes, les théories spiritualistes, les rapports de l'esprit religieux et de l'esprit scientifique et ceux de la religion et de la morale.

Il discute tour à tour :

AUGUSTE COMTE et sa religion de l'humanité ;

HERBERT SPENCER et son inconnaissable, dernière survivance de cette entité imaginaire, qui sous le nom de Dieu ou de cause première a de tout temps fait le fond des religions et des métaphysiques ;

HAECKEL et son monisme ;

RITSCHL et son dualisme radical ;

W. JAMES, le pragmatisme ou la philosophie de l'action et l'expérience religieuse.

Tous les philosophes qu'il cite et lui-même nous paraissent avoir mêlé l'erreur et la vérité.

Ce nous est une excuse pour faire de même.

E. Boutroux conclut ainsi sur la religion et la science :
« *La lutte les trempe l'une et l'autre, et si la raison prévaut, de leurs principes distincts, devenus à la fois plus larges, plus forts et plus souples, surgira une forme de vie toujours plus ample, riche, profonde, libre, belle et intelligible. Mais ces deux puissances autonomes ne peuvent que s'acheminer vers le paix, l'accord et l'harmonie, sans jamais prétendre toucher le but; car telle est la condition humaine.* »

CHAPITRE XIX.

LE SPIRITISME.

OPINIONS DE DE CYON, DE L. DENIS, DE M. MÆTERLINCK,
DE C. FLAMMARION ET DU Dᵣ J. GRASSET.

Nous allons consacrer le présent Chapitre à l'examen des doctrines spirites dont les partisans, très nombreux aujourd'hui, siègent dans l'assemblée des philosophes près des diverses sectes religieuses : brahmanistes, bouddhistes, israélites, chrétiens, musulmans, etc.

Des médiums exercent l'occultisme et le spiritisme, évoquent les esprits et matérialisent les morts. Des somnambules extralucides, des cartomanciennes, des liseuses de marc de café font profession de dévoiler l'avenir. Des hommes doués d'une grande intelligence hautement cultivée, tels que W. CROOKES, CH. RICHET, DE ROCHAS D'AIGLON, W. JAMES, O. LODGE, L. DENIS, M. MÆTERLINCK, C. FLAMMARION, etc., croient à une partie des phénomènes spirites.

D'abord, nous allons passer en revue les ancêtres du spiritisme.

Dans l'antiquité, l'astrologie, la nécromancie, la divination étaient d'usage courant, l'oracle de Delphes jouissait d'une renommée universelle et les augures exerçaient officiellement la magie à Rome.

Au moyen âge les sorciers ont été persécutés par l'Eglise.

En 1847, on a signalé à Hydeville (Etat de New-York) une maison hantée par les esprits.

Vers cette même époque, DOUGLAS HOWE inventa les tables tournantes et évoqua les esprits frappeurs. Il prétendit hypnotiser l'âme survivante des personnes mortes, lui faire mettre en mouvement des tables et lui faire répondre à des questions par des coups plus ou moins nombreux. Il ne spécifiait pas d'ailleurs l'origine de la force vive par laquelle se manifestaient les esprits.

Ses émules, les frères DAVENPORT, ont fait courir tout Paris dans leur théâtre, mais ont été convaincus de supercherie.

Néanmoins, les doctrines spirites ont fait depuis lors d'énormes progrès dans la confiance publique.

Elles sont, notamment, exposées dans les ouvrages suivants :

ALLAN KARDEC, *Le livre des esprits*, contenant les principes de la doctrine spirite sur l'immortalité de l'âme, la nature des esprits et leurs rapports avec les hommes, les lois morales, la vie future et l'avenir de l'humanité.

VALENTIN TOURNIER, *Le surnaturel devant la raison.*

FRANCOIS VALLÉE, *Le surnaturel.*

PREYER, *Telepathie ùnd Geisterseherei in England (Deutsche Rùndschaù).*

PAUL GIBIER, *Spiritisme ou Fakirisme occidental.*

PAUL GIBIER, *L'analyse des choses.*

GUSTAVE GELEY, *De l'Inconscient au Conscient.*

Nous ne nous inscrivons pas en faux contre ces doctrines et nous reconnaissons qu'un fait vrai peut facilement paraître provisoirement incompréhensible à cause de la faillibilité de nos sens et de notre raison.

Mais les supercheries de nombreux expérimentateurs malhonnêtes, comme l'ont été les frères DAVENPORT, et l'outrecuidance de nombreux prophètes qui prétendent détenir la « Vérité » et la proclamer *ex cathedra* sans preuve indiscutable nuisent fortement, dans notre esprit, à ces doctrines.

Assister aux exercices d'un adroit prestidigitateur laisse un très grand doute sur la réalité des phénomènes spirites.

Comme dit LE DANTEC (¹), « *une des particularités des*

____

(¹) *Le problème de la mort et la conscience universelle.*

expériences du spiritisme, c'est qu'elles n'arrivent à convaincre que ceux qui d'avance sont convaincus ».

Nous croyons, pour notre part, que l'hypnotisme des assistants joue un rôle dans leur conviction et dans leur témoignage.

A propos de la mort d'Eusapia Paladino, divers journaux du 18 mai 1918 ont relaté qu'elle a été tour à tour le champion des spirites en raison de son grand pouvoir (apparent ou réel ?) de médium, et des antispirites en raison des actes de tricherie et des subterfuges, commis notamment à Cambridge, dont elle a été accusée (à tort ou à raison ?)

E. Bergerat raconte, dans le *Figaro* du 15 janvier 1919, que récemment une réunion d'artistes et de lettrés ayant évoqué l'âme de Victor Hugo qui, de son vivant, passait pour croire au spiritisme, et lui ayant demandé s'il existait un châtiment égal au crime incommensurable du monstre sans pareil qu'est Guillaume II, aurait reçu d'elle cette réponse : « *Il y en a un : la peine de vie !* ».

E. Bergerat reconnaît là à la fois la tournure habituelle d'esprit de Victor Hugo, son opposition contre la peine de mort et la doctrine bouddhique qui, dans la mort, salue la délivrance.

Cette réponse lapidaire est-elle réellement l'œuvre de l'âme de Victor Hugo ?... *Si non e vero, bene trovato.* Nos compliments sont très sincères, mais à qui doivent-ils s'adresser, est-ce à l'âme de Victor Hugo, qui n'en a d'ailleurs que faire, est-ce à son évocateur ou à E. Bergerat, si l'un ou l'autre a joué un rôle de mystificateur ?

L'homme est un animal curieux et crédule. Dans son vif désir de connaître la nature et l'histoire de sa personne et de la terre, qui est sa prison, il accepte tour à tour aveuglément les explications que lui fournissent la religion, le spiritisme et la science.

Des gens qui ont pris tour à tour des noms à peu près équivalents : sibylles, pythonisses, oracles, augures, prophètes, sorciers, somnambules, devins, cartomanciens, voyants, etc., ont prétendu ou prétendent avoir des visions anticipées de l'avenir.

Si c'était vrai, qu'est-ce qui les empêcherait de récolter des fortunes, par exemple dans les maisons de jeu?

Un adversaire résolu des spirites et des sorcières s'appelle DICKSONN et est prestidigitateur, comme l'ont été jadis les frères DAVENPORT.

Il dévoile les mystères du spiritisme, il expose comment tournent les tables, comment écrivent les esprits, comment se soulèvent les objets, comment apparaissent les fantômes; il réalise des phénomènes spirites qu'il explique au public; il dit comment les somnambules, mages et guérisseurs exploitent la crédulité publique, quels sont les trucs des médiums, comment ils évoquent les esprits, et produisent des lévitations, matérialisations et apparitions d'esprits.

Un homme adroit peut donner au public l'illusion de beaucoup de phénomènes spirites; tous ces phénomènes sont suspects de supercherie; en sont-ils réellement entachés ?

HENRY COSSIRA a donné dans *J'ai vu* du 1er juin 1918 un intéressant article sur « *les marchandes d'espoir et l'antre des sibylles* ». Il conclut que toutes les sorcières vivent largement de la crédulité et de la naïveté des humains. Cette condamnation nous paraît méritée par la grande majorité des sorcières, mais il y en a qui ont fait à nos questions des réponses profondément troublantes. Avons-nous été dupe de subterfuges et de mystifications?

Quoi qu'il en soit, ces prédictions se réalisent fréquemment grâce

1° au hasard, ensemble des causes inconnues,

2° à l'ambiguïté du texte qui admet souvent plusieurs interprétations,

3° à des renseignements recueillis par les prédisants, à l'insu de leurs clients,

4° à un raisonnement subtil ou à une psychologie raffinée. des dits prédisants,

5° à une télesthésie entre l'interrogateur et le prédisant,

et peut-être parfois 6° à une communication surnaturelle qu'ils auraient avec Dieu..., mais dans ce cas la question sort de la compétence des savants.

Si Dieu existe, il est omniscient et peut évidemment donner la prescience à ses élus.

De nombreuses prédictions ont été émises relativement à la guerre qui vient de décimer et de ruiner l'humanité, à commencer par ses criminels auteurs.

Parmi beaucoup d'autres, trois curieuses prédictions paraissent avoir été émises vers 1560, 1795 et 1859, et réalisées ensuite par l'histoire de la France. Elles offrent le plus grand intérêt, mais nous devons formuler à leur égard les plus expresses réserves.

En 1560, THOMAS-JOSEPH MOULT, natif de Naples et se donnant comme grand astronome et philosophe, aurait formulé des prophéties s'étendant jusqu'en 2063.

Il aurait signalé, entre autres choses :

pour 1789, une grande révolution dans un des Etats de la Chrétienté ;

pour 1792, le triomphe des armées improvisées du même Etat ;

pour 1870, une guerre néfaste pour le même pays ;

et pour 1914-1918, en termes d'ailleurs assez ambigus, les événements qui ont sévi sur presque toute la surface de la terre.

Ces prophéties auraient été grossièrement imprimées à Orléans, au début du XVIIe siècle, par un détenteur de presses du nom de LETOURMY.

Un journal parisien a relaté cette prédiction pendant l'été de 1918.

Nous l'avons vainement recherchée. Peut-être le journaliste qui l'a citée a-t-il été l'auteur ou la victime d'une spirituelle mystification ? Peut-être aurions-nous dû passer cette prédiction sous silence ?

L'éminent historien VANDAL relate dans un Ouvrage, d'ailleurs sans prétention historique (¹), que près de Muonioniska, un vieux Lapon aurait dévoilé en mars 1795, à LOUIS-PHILIPPE D'ORLÉANS, les orages qui planaient sur la France,

lui aurait montré la couronne qui lui était réservée,

lui aurait révélé qu'élevé au trône par un orage populaire, un autre orage l'emporterait,

puis serait tombé affaissé, sans mouvement, brisé par l'inspiration.

JEAN-BAPTISTE-MARIE VIANNEY, curé d'Ars-sur-Formans (Ain), qui vécut de 1786 à 1859 en parfait chrétien et qui fut béatifié en 1905, passe dans le monde chrétien pour avoir reçu de l'omnipotence divine le don de guérir miraculeusement des malades et de l'omniscience divine le don de prévoir les péchés qu'allaient lui confesser ses pénitents et ce qu'allaient lui dire ses interlocuteurs.

En 1872, le recueil intitulé « *Voix prophétiques ou signes, apparitions et prédictions modernes* » lui a attribué une prédiction relative aux guerres de 1870-1871 et de 1914-1918.

Mgr PERRIOT, dans une lettre du 24 février 1908, a confirmé cette attribution.

VIANNEY a-t-il réellement prévu notre défaite de 1870-1871 et notre revanche de 1914-1918 ?

En récompense de ses vertus, Dieu a-t-il réellement entr'ouvert pour lui, avant 1859, aux pages que le monde vient de vivre, le livre de l'avenir ?

L'abbé MONNIN (²) garde sur ces questions un prudent silence.

E. DUPLESSY a publié en 1918 la 4ᵉ édition d'un opuscule : « *La fin de la guerre et la prophétie du curé d'Ars* ». Cette

---

(¹) *En Karriole à travers la Suède et la Norwège* (1876).

(²) *Le curé d'Ars, vie du bienheureux* JEAN-BAPTISTE-MARIE VIANNEY, par l'abbé ALFRED MONNIN (2 vol.), 23ᵉ édition, 1914.

petite brochure contient une analyse extrêmement bien faite de la question, conclut à l'existence de la prophétie et en donne le texte probable suivant :

» *Les ennemis ne s'en iront pas tout à fait. Ils reviendront encore. En ce temps-là, les Français seront divisés en deux partis l'un contre l'autre. Ils mineront tout sur leur passage. On ne leur résistera pas, mais on les laissera s'avancer. Ce ne sera pas long. On croira que tout est perdu et le bon Dieu sauvera tout. Ce sera un signe du jugement dernier. Et après cela, on leur coupera les vivres. Et on leur fera éprouver de grandes pertes. Cette fois, on se battra pour tout de bon, car la première fois, ils ne se seront pas bien battus. Mais alors, ils se battront ! Oh ! comme ils se battront !*

« *Les ennemis se retireront vers leur pays. On les accompagnera. Et il n'y en aura guère qui rentreront. Alors on leur reprendra tout ce qu'ils auront enlevé et même quelque chose de plus.* »

Pour terminer ce Chapitre, nous allons relater contre le spiritisme le réquisitoire violent de DE CYON, en sa faveur les éloquents panégyriques de L. DENIS, de M. MÆTERLINCK et de C. FLAMMARION, et enfin le jugement du Dr J. GRASSET.

Dans l'Ouvrage que nous avons cité au Chapitre VII, DE CYON traite d'aberrations psychiques le spiritisme, l'hypnotisme et autres phénomènes attribués à l'esprit... ou aux esprits, et exploités autrefois exclusivement par les charlatans, les aventuriers et les prestidigitateurs.

Il condamne sévèrement « *les aberrations théosophiques, le charlatanisme des spirites et les superstitions de l'hypnotisme* ».

Pour notre part, nous doutons du spiritisme, mais nous croyons fermement à l'hypnotisme, au moins par le canal des sens de l'hypnotisé.

Nous avons lu un exemplaire du 32ᵉ mille d'un Ouvrage où L. Denis expose les doctrines théosophiques actuelles. Il a pour titre : « *Après la mort. Exposé de la doctrine des esprits. Solution scientifique et rationnelle des problèmes de la vie et de la mort. Nature et destinée de l'être humain. Les vies successives.* » Il comprend cinq parties : Croyances et négations ; — Les grands problèmes ; — Le monde invisible ; — L'Au-delà ; — Le droit chemin. Il se termine par un résumé et des conclusions.

Il démontre par les phrases suivantes, que nous contresignons, l'existence, la spiritualité de l'âme humaine : « *L'intelligence, la raison, le jugement, la volonté ne sauraient être confondus avec le sang de nos veines ou la chair de nos muscles. Il en est de même de la conscience, de ce privilège que nous avons de peser nos actes, de discerner le bien et le mal... S'il n'y avait en nous que matière, nous ne verrions pas, lorsque notre corps est plongé dans le sommeil, l'esprit continuer à vivre et à agir sans l'aide d'aucun des cinq sens.* »

Il affirme l'immortalité de l'âme et il croit que « *la vie actuelle est l'héritage de nos vies précédentes et la préparation de celles qui suivront* » et que « *la mort n'est qu'un temps de repos entre deux existences terrestres* ».

Il croit à l'existence d'un périsprit qui relie, pendant la vie, l'âme au corps de l'homme, qui accompagne l'âme dans son évolution, s'améliore et se purifie avec elle.

Cet éloquent plaidoyer en faveur des doctrines spirites, admises aujourd'hui par beaucoup de hautes intelligences, se termine par ces excellents conseils donnés au lecteur :

« *Aimer la vérité et la justice, pratiquer envers tous la charité, la bienveillance, tel est le secret du bonheur dans l'avenir, tel est le devoir.* »

L. Denis ne dit pas *pourquoi* c'est le devoir.

Peut-être, néanmoins, sa morale se substituera-t-elle à celle du Christ, qui se donne comme prescrite par la Divinité.

Le spiritisme de L. Denis est fils de la poésie et du christianisme.

Parmi les œuvres d'un auteur belge éminemment sympathique, Maurice Mæterlinck ([1]), nous en citerons deux : « *La mort* », dont le 11ᵉ mille a paru en 1913, et « *Les débris de la guerre* », dont le 7ᵉ mille a paru en 1916.

Le livre de *la mort* débute par une citation de Marie Lenéru ([2]) : « *Il n'y a de réalité qu'entre un berceau et une tombe. Le reste est grossissement, spectacle, optique vaine,* » et par une citation de Napoléon Iᵉʳ : « *Les médecins et les prêtres rendent la mort douloureuse.* »

Mæterlinck dit à son tour qu' « *il n'est qu'un seul effroi propre à la mort : celui de l'inconnu où elle nous précipite* ».

Au moment de la mort quatre solutions sont possibles : l'anéantissement total, la survivance avec notre conscience actuelle, la survivance sans conscience et la survivance dans la conscience universelle ou avec une conscience renouvelée.

La théorie de la transmigration, de la réincarnation des âmes comporte « *une justice d'outre-tombe supérieure à celle du ciel barbare et du monstrueux enfer des chrétiens, où sont éternellement récompensées ou punies des fautes et des vertus le plus souvent puériles, inévitables ou fortuites* ».

La *Society for psychical Research* (S. P. R.) admet les apparitions de personnes venant de mourir, sous forme d'un reflet attardé de l'existence, capable de se manifester aux vivants et de communiquer avec eux.

Les spirites prétendent communiquer avec les morts par

([1]) Il est surtout connu comme l'auteur de « *La sagesse et la destinée* », ensemble de méditations interrompues enroulées autour de deux ou trois objets, poème de l'amélioration de l'humanité sous les efforts des penseurs et des moralistes, qui lui conseillent la douceur, la patience, l'initiative et l'énergie. Le 29ᵉ mille a paru en 1908.

([2]) *Les affranchis*, acte III, scène IV.

la parole ou l'écriture automatique d'un médium en état de trance (¹).

MÆTERLINCK est convaincu de la sincérité des médiums, et en donne diverses preuves troublantes.

Dans la correspondance croisée, un esprit unique se manifeste presque simultanément à plusieurs médiums éloignés les uns des autres et sans entente préalable entre eux.

MÆTERLINCK rappelle comment le colonel DE ROCHAS D'AIGLON, en hypnotisant des jeunes filles, leur a fait raconter leur enfance et les principaux événements de deux ou trois existences antérieures.

« *Les morts* », dit-il, « *s'ils survivent, n'ont pas grand'chose à nous apprendre, soit qu'au moment où ils peuvent nous parler, ils n'aient encore rien à nous dire; soit qu'au moment où ils auraient quelque chose à nous révéler, ils ne le puissent plus faire, s'éloignant à jamais et nous perdant de vue dans l'immensité qu'ils explorent.* »

MÆTERLINCK trouve que « *la tombe n'est pas plus redoutable que le berceau* » et il chante les bienfaits de la mort.

Ce livre contient des considérations troublantes sur l'infini de l'espace, sur l'infini du temps, sur la conscience de l'univers.

Il nie le but, il nie le progrès et il proclame l'existence d'un Inconnaissable, par quoi existent toutes choses. Pourquoi ne pas l'appeler Dieu ?

Sur l'idée que nous avons de la nature, il constate, avec sir W. CROOKES l'influence des dimensions de notre corps et avec W. JAMES celle du nombre d'événements que nous pouvons noter dans une seconde.

Le dernier Chapitre conclut qu'à l'instant de notre dernier soupir, nous serons absorbés dans la conscience universelle ou bien nous prendrons une conscience modifiée et progressive.

(¹) Ou de transe.

Notre moi, notre âme, notre esprit mènera peut-être autour de la terre une existence de plus en plus haute et heureuse; il émigrera peut-être en d'autres mondes; il prendra peut-être les caractères de l'infini et se confondra en lui.

MÆTERLINCK a cent fois raison « *de ne pas espérer que quelqu'un prononce sur cette terre le mot qui mette un terme à nos incertitudes* ».

Sur tout ce qu'il avance, il formule des doutes avec une grande prudence et un esprit très avisé.

Le même auteur a publié divers articles, a prononcé divers discours et les a réédités sous le titre de *Débris de la guerre*, pendant que son pays était dévasté par la horde des Teutons, qui s'appellent *Deùtsche* et que nous appelons *Boches*.

Ancien ami de l'Allemagne, MÆTERLINCK « *y comptait des amis qui maintenant, morts ou vivants, sont pour lui dans la tombe. Il y a des crimes qui anéantissent le passé et ferment l'avenir* ».

Citons seulement les trois articles suivants :

1° Dans « *Communications anormales* », article paru pour la première fois dans *Cosmopolitan* de New-York en février 1916, M. MÆTERLINCK dit avec raison que « *notre vie se réduirait à bien peu de chose si nous en écartions de parti pris tout ce que notre intelligence ne peut pas embrasser* ».

2° Dans « *Les Prophéties* », article paru d'abord dans le *Figaro* du 1er avril 1916, il note 83 (¹) prédictions ou prophéties sur la guerre qui vient de prendre fin, recueillies après coup et par conséquent contestables.

Parmi elles, il cite celle émise par JEAN-BAPTISTE-MARIE VIANNEY, dont nous avons parlé page 192,

et celle émise verbalement le 23 ou le 24 juillet 1869 par SONREL, ancien élève de l'École Normale supérieure et

---

(¹) Nous disons bien *quatre-vingt-trois* ! Les prédictions sont surprenantes. Quelques-unes sont apocryphes. Faut-il les rejeter toutes en bloc ?

physicien à l'Observatoire de Paris, en présence du D^r TAR-DIEU, et reproduite le 15 juin 1914, un peu avant le déchaînement du cataclysme universel, dans une lettre remise par le professeur CHARLES RICHET à DE VESMES, de la part du Dr TARDIEU. Cette prédiction vise à la fois la guerre de 1870-1871 et celle de 1914-1918.

3° Dans « *La vie des morts* », article paru d'abord dans *Cosmopolitan* de New-York en mars 1916, il parle d'une veuve, presque pauvre, qui a perdu dans un des combats de l'Argonne son fils unique, son orgueil et sa joie. « *Elle était convaincue que celui qu'on pleurait était plus vivant que jamais.* » Elle ne pleurait pas et on la croyait folle. MÆTERLINCK affirme que « *nos morts ne réclament pas de larmes, mais une affection heureuse et confiante* »... « *Ils ne songent plus qu'à nous sourire, à nous environner d'amour, à nous apporter un bonheur qu'ils puisent à pleines mains dans un passé qu'ils revivent avec nous.* »

Nous voudrions, pour notre part, pouvoir accepter ces consolations, mais nous avons bien peur que ce ne soit rien qu'un mirage trompeur, exagérément pragmatique.

Une adepte du spiritisme, que nous avons rencontrée, étant avec Mme BADOUREAU dans une maison amie, nous a scandalisés en nous tenant, avec la meilleure intention du monde, le langage suivant, calqué sur l'opinion de MÆTER-LINCK :

« *Vous avez tort de pleurer votre fils. Il rôde autour de vous et votre tristesse le chagrine. Vous devez vivre votre vie et être aussi gais que possible.* »

Nous sommes restés muets devant cette incartade.

C. FLAMMARION, spiritualiste très distingué, directeur de l'Observatoire de Juvisy, doué d'un esprit très scientifique et d'un style enchanteur, auteur de nombreux travaux de philosophie, d'astronomie, de sciences et de lettres, a publié en 1900 « *L'inconnu et les problèmes psychiques* ».

Il dit avec infiniment de raison qu' « *il nous reste encore beaucoup, BEAUCOUP à apprendre* » et que « *l'inconnu d'hier est la vérité de demain* ».

Il a fait une enquête près des lecteurs des *Annales politiques et littéraires*, du *Petit Marseillais* et de la *Revue des Revues*.

Il a recueilli de nombreuses dépositions, les a discutées de très près et les a groupées de la manière suivante : Manifestations et apparitions de mourants, manifestations et apparitions de vivants non malades, manifestations et apparitions de morts, vue de faits se passant au loin, rêves prémonitoires, prévision de l'avenir, rêves montrant des morts, rencontres pressenties, pressentiments réalisés, doubles de vivants, mouvements d'objets sans cause apparente, communication de pensées à distance, impressions ressenties par des animaux, appels entendus à de grandes distances, portes fermées au verrou s'ouvrant seules, maisons hantées, expériences de spiritisme.

Nombreux et infiniment probables sont les phénomènes de télépathie ou plutôt de télesthésie (¹), comme propose de dire C. FLAMMARION, c'est-à-dire les communications entre les âmes à distance.

Il en est de même des phénomènes d'hypnotisme.

La transmission de la volonté à distance sans le secours des sens de l'hypnotisé nous paraît encore un peu douteuse.

Les manifestations de mourants à leurs amis semblent particulièrement fréquentes.

Sans la nier formellement, nous nous cabrons devant la théorie des songes prémonitoires et des visions anticipées d'après C. FLAMMARION.

Il admet que certains rêves montrent un fait, une situation, un état de choses non encore arrivé, mais se réalisant plus tard. Il cite de nombreux cas de songes ayant prévu

---

(¹) τηλε, loin, αἰσθησις, sensibilité.

et annoncé l'avenir avec précision. Il formule lui-même la très grave objection qui vient naturellement à l'esprit de son lecteur : « *Si l'avenir est inévitable, que devient notre liberté?* »

Peut-être par prudence, il touche à peine la question des visions anticipées à l'état de veille.

Nous avons donné au début du présent Chapitre notre opinion à cet égard.

Songes prémonitoires, prescience, miracles, etc., tout cela échappe plus ou moins selon nous à l'examen de la science.

C. FLAMMARION regarde comme des faits certains les manifestations télépathiques de mourants, la transmission de pensée, l'action psychique d'un être humain sur un autre à distance sans l'intermédiaire des sens, la vue à distance et la prévision de l'avenir en rêve et en somnambulisme.

Il conclut énergiquement à l'existence, à la spiritualité de l'âme humaine.

Nous avons soutenu, au Chapitre VI, la même thèse, mais nous ne voyons pas la possibilité de refuser une âme aux animaux, depuis les singes anthropomorphes, nos plus proches parents, jusqu'aux protozoaires monocellulaires et même aux végétaux, depuis les végétaux monocellulaires, si difficiles à distinguer des animaux monocellulaires, jusqu'aux dicotylédones les plus complexes.

Nous admettons qu'il n'y a aucun hiatus entre les hommes, les animaux et les végétaux.

Les animaux diffèrent surtout des végétaux par ce fait que les réactions qui s'y produisent sont généralement exothermiques, tandis que celles dont les végétaux sont le siège sont plutôt endothermiques.

Les animaux ou les végétaux constitués par des colonies de cellules sont animés par le syndicat hiérarchisé des âmes de ces cellules et leur mort est la dissolution de ce syndicat.

Muet sur la question des âmes animales et végétales, C. FLAMMARION formule sur l'âme humaine les quatre conclusions suivantes :

« 1° *L'âme existe comme être réel, indépendant du corps;*

» 2° *Elle est douée de facultés encore inconnues à la science;*

» 3° *Elle peut agir et percevoir à distance sans l'intermédiaire des sens;*

» 4° *L'avenir est préparé d'avance, déterminé par les causes qui l'amèneront; l'âme le perçoit quelquefois.* »

Nous contresignons les deux premières, nous nous abstenons sur la troisième, mais nous nions formellement la dernière, car nous tenons pour la liberté des âmes.

Le livre de C. FLAMMARION est fort rempli et troublant, mais excellent à lire par toute personne douée d'une intelligence bien solide et capable de résister victorieusement aux atteintes de la folie.

Nous espérons qu'il examinera à fond un jour la question des prédictions, celle du curé d'Ars, le spiritisme et la médiumnité, le somnambulisme, le magnétisme et l'hypnotisme, les pressentiments, les doubles de vivants, le corps astral, les apparitions et manifestations de morts, les maisons hantées, les mouvements d'objets sans contact, la sorcellerie, la magie, etc.

Nous croyons savoir qu'il prépare actuellement plusieurs nouveaux livres sur les recherches psychiques. Arrivera-t-il à renverser l'édifice de la psychologie classique officielle ?

Le Dr GELEY et l'Institut métaphysique international qu'il dirige parviendront-ils à fonder une véritable science à la place des sciences occultes de jadis ?

Avec sa haute autorité, le Dr J. GRASSET (1) conclut ainsi sur le spiritisme :

« *Le spiritisme est une question dont le médecin n'a pas le droit de se désintéresser. Il appartient à la biologie humaine en fait et en droit.*

______

(1) *Le spiritisme devant la science*, nouvelle édition avec une préface de P. JANET (1904).

» *En laissant de côté tout ce qui a trait à la jonglerie et au supernaturel, il y a une grosse partie du spiritisme qui rentre dans un chapitre aujourd'hui bien connu de Physiopathologie des centres nerveux : le chapitre du psychisme inférieur ou automatique, de l'automatisme supérieur, de l'activité polygonale (1).*

» *Le spiritisme scientifique est à la fois une application de cette doctrine biologique et le point de départ de nouvelles études dans ce domaine. Il appartient donc bien à la Biologie.*

» *Cette étude scientifique du spiritisme laisse de côté certaines questions intéressantes, dont l'existence n'est pas encore scientifiquement démontrée, comme la suggestion mentale, la clairvoyance, la télépathie et l'extériorisation de la force nerveuse.*

» *Ce sont là des terrains livrés aux investigations de la science de l'avenir.* »

En résumé, le Dr J. Grasset étudie certains phénomènes physiologiques qui se rattachent au spiritisme, constate la jonglerie fréquente chez les spirites et réserve pour ses successeurs l'étude de la suggestion mentale, de la clairvoyance, de la télesthésie, de la lévitation, etc.

Après avoir exposé impartialement au lecteur le pour et le contre du spiritisme, nous lui laissons le soin de conclure à son gré. Ainsi avons-nous fait pour la question de l'immortalité de l'âme, pour celle de l'existence de Dieu et pour celle de l'apparition de la vie sur la terre.

Nous restons, pour notre part, muet et anxieux devant le grave problème de la survie de l'âme et nous nous bornons à souhaiter que le sentiment inné de la justice que nous possédons presque tous et qui n'est pas satisfait sur cette terre le soit ultérieurement. Nous essayons de voir le monde tel qu'il est, et non pas, comme font les pragmatiques, tel que nous voudrions qu'il fût.

---

(1) *Voir* page 144 ce que le Dr J. Grasset entend par les centres psychiques inférieurs ou automatiques supérieurs.

CHAPITRE XX.

LE PRAGMATISME ([1])
OU L'UTILITARISME EN PHILOSOPHIE.

OPINIONS DE P. JANET, DE SIR JOHN LUBBOCK, DE MALLOCK,
DE W. JAMES ET D'H. POINCARÉ.

Nietzsche considère une affirmation comme vraie, non pas parce qu'elle est conforme à la réalité, mais parce qu'elle est utile, nécessaire à la vie pratique, favorable à l'action. Il admet comme vérités la vie, l'action, le lyrisme, le dionysiasme et il récuse l'intellectualité, l'apollonisme.

L'éminent sceptique, dont nous avons déjà relaté les opinions au cours des Chapitres I, IV, X et XI, H. Poincaré, affirme que la géométrie d'Euclide n'est pas plus vraie que celle de Lobatschewski ou que celle de Riemann, mais seulement plus commode; que la rotation de la Terre autour du Soleil n'est pas plus vraie que la rotation du Soleil autour de la Terre, mais seulement plus commode.

Nous contresignons ces assertions, en remplaçant le mot « plus commode » par « infiniment plus probable ». Ce n'est qu'une nuance; mais elle nous paraît importante.

Bergson pense que la vérité psychologique et biologique ne saurait être atteinte que par la vie ou par l'intuition.

G. Sorel admet l'idée de la grève générale uniquement en raison de sa valeur pratique.

([1]) πρᾶγμα, ατος, chose, occupation, difficulté.

Ed. Le Roy considère les dogmes catholiques comme l'expression de l'évolution de la vie religieuse.

Tancrède de Viran regarde comme productrice d'une œuvre d'art, non pas l'intelligence qui réfléchit, mais la personne humaine prise dans son intégralité.

William James estime que la croyance en un fait créera la vérité de ce fait.

Quelque variées qu'elles soient, ces théories reposent toutes sur leur utilité, sur leurs avantages pratiques.

René Berthelot les a exposées et discutées dans un Ouvrage récent (¹) que Julien Benda a résumé dans un excellent article publié par le *Figaro* du 31 mars 1918.

Nous ne sommes pas, pour notre part, partisan du pragmatisme, nous vénérons la pensée désintéressée et nous croyons qu'il y a une vérité unique et conforme à la réalité et qu'il faut s'efforcer de la découvrir et de la proclamer, quels que soient ses rapports avec l'humanité, avec la vie pratique et avec l'action.

Nous nous efforçons donc d'approcher de la vérité, quoi qu'il puisse en résulter pour l'espèce humaine.

D'ailleurs, si nos frères peuvent être touchés par la vérité, ils ne peuvent, en aucune façon, l'être par nos dires.

Mais nous avons cru devoir dire un mot de ces théories admises par beaucoup de philosophes contemporains.

Comme dit Julien Benda, « *le succès du pragmatisme a été prodigieux et, depuis le cartésianisme, on n'avait pas vu de système adopté par le « siècle » avec une telle ardeur* ».

Si étrange que cela puisse paraître, il faut admettre que la mode capricieuse et changeante étend son pouvoir sur la philosophie. Le pragmatisme est à la mode. Y restera-t-il plus longtemps que les hauts talons et que les jupes courtes ?

Un de ses grands prêtres, omis dans l'article précité de

(¹) *Un Romantisme utilitaire* (2 vol.).

Julien Benda, Paul Janet, professeur à la Faculté des Lettres de Paris, a écrit la *Philosophie du bonheur*. Nous avons lu un exemplaire de la 13° édition.

Le bonheur est essentiellement subjectif. Paul Janet le définit comme « *le déploiement harmonieux et durable de toutes nos facultés dans leur ordre d'excellence*», sans spécifier d'ailleurs quel est cet ordre d'excellence.

Les biens extérieurs, l'imagination, la passion, les affections, la pensée, la vie active, le caractère et la vertu, la fréquentation du monde et de la société donnent à l'homme divers moyens d'approcher du bonheur.

Paul Janet discute avec toute sa psychologie et toute la finesse de son jugement. Dans quelque position qu'un homme soit placé, il peut trouver dans ce livre d'utiles et sages conseils.

Notre auteur donne une analyse très intéressante et très subtile de la société française avant 1789, de la société actuelle et de la société future rêvée par certains politiciens. Nous ne saurions trop recommander aux législateurs la lecture de cette analyse.

Le Chapitre final chante la beauté et la misère de la vie.

Il émet ce paradoxe que « *le malheur semble quelquefois l'achèvement nécessaire d'une grande fortune* » et ce semblant de preuve : « *La plus héroïque destinée des temps modernes ne paraît avoir atteint le sublime que lorsqu'elle s'est éteinte dans la captivité et dans l'humiliation, loin du monde, sur un rocher désert.* »

Le grand Napoléon lui-même a dit ce mot profond : « *L'adversité manquait à ma gloire !* »

Janet termine en affirmant « *que l'homme a une destinée au delà de la vie et qu'elle sera bonne s'il l'a méritée* », mais, hélas ! la seule preuve qu'il donne de cette affirmation est l'utilité qu'elle aurait pour nous.

Le pragmatisme crée un monde plus parfait que le monde réel.

Un catéchisme pragmatique publié par sir John Lubbock a eu un immense succès en Angleterre. Une troisième
édition française a paru en 1894, sous ce titre: *Le bonheur de
vivre* (2).

Cet Ouvrage passe en revue les diverses sources du
bonheur, augmente pour ses lecteurs leur faculté de jouir
de la vie et les console dans leurs jours de tristesse.

Comme dit le traducteur, « *c'est, pour ainsi dire, une
petite Bible de poche, sans prétention, laïque et moderne* ».

Sir John Lubbock débute en affirmant que « *la vie est
un grand bienfait* ». Quel démenti cruel lui a donné la guerre
de 1914-1918 ! Combien rares sont maintenant les familles
qui n'ont pas à déplorer la disparition ou la mutilation des
meilleurs de leurs représentants ! Sans parler de la terrible
épidémie de grippe qui est venue doubler le nombre des
victimes.

Mallock s'est posé cette question : « *La vie vaut-elle la
peine de vivre?* » dans un volume dont la deuxième édition
française a paru en 1882 avec une introduction et des notes
du P. James Forbes.

Ce Livre combat la morale positiviste et lui oppose la morale chrétienne de l'auteur et la morale spécialement catholique du traducteur annotateur.

Il affirme la spiritualité, la liberté et l'immortalité de
l'âme humaine,

l'existence de Dieu

et la possibilité du miracle, c'est-à-dire de l'intervention de
la volonté divine toute puissante ou de la volonté libre d'un
homme.

La table des matières occupe 8 pages et donne un résumé
complet de cet Ouvrage.

Quand il a paru, beaucoup de journaux répondirent
facétieusement que « *le sujet intéressé est seul juge de la
question* ».

W. James s'est posé la même question dans le second Chapitre d'un Livre analysé page 96 ([1]). Il conclut que « *cette vie vaut d'être vécue, du moment qu'elle est moralement ce que nous la faisons* ».

Faut-il blâmer tous les gens qui se suicident ([2]) parce qu'ils n'ont pas le courage de supporter le lourd fardeau de la vie ? Sans doute, mais surtout et presque uniquement à cause des devoirs qu'ils peuvent avoir envers des tiers et auxquels ils se dérobent par la mort.

Nous venons de lire un exemplaire du 12e mille des *Pensées ultimes* d'Henri Poincaré, qui fut un Maître de l'école pragmatique et dont nous avons eu l'honneur d'être le camarade et l'ami. Parues après la mort de leur auteur, elles sont forcément un peu décousues. Elles traitent de nombreuses questions de philosophie groupées dans les neuf chapitres suivants : *L'évolution des lois. L'espace et le temps. Pourquoi l'espace a trois dimensions. La logique de l'infini. Les mathématiques et la logique. L'hypothèse des Quanta* ([3]). *Les rapports de la Matière et de l'Éther. La Morale et la Science. L'union morale.*

Henri Poincaré est avant tout un sceptique et un pragmatique, qui suggère au lecteur des idées nombreuses ,et très intéressantes, plus ou moins difficiles à comprendre.

Il dit avec raison qu' « *à mesure que la Science progresse,*

([1]) *La volonté de croire.*

([2]) Nous ne nous résignons pas à dire « qui suicident », bien que ce soit évidemment plus correct.

([3]) Ou l'hypothèse des atomes d'énergie, émise par Planck. Henri Poincaré la traduit ainsi : « *Un système physique n'est susceptible que d'un nombre fini d'états distincts, il saute d'un de ces états à l'autre sans passer par une série continue d'états intermédiaires.* » Nous nous cabrons devant cette hypothèse. Pour nous, *natura non facit saltus.*

il devient de plus en plus difficile de faire place à un fait nouveau qui ne se case pas naturellement. »

Bien que la Science lui paraisse tendre au déterminisme, son cœur (sinon sa raison) conclut que « *la Morale et la Science, à mesure qu'elles feront des progrès, sauront bien s'adapter l'une à l'autre* ».

Ainsi soit-il !

CHAPITRE XXI.

PROBLÈMES A RÉSOUDRE.

Nous considérons comme une vérité expérimentale le postulatum d'Euclide, que beaucoup de philosophes regardent seulement comme une hypothèse commode.

Nous considérons les grandeurs imaginaires, l'hyperespace, l'espace de Lobatschewski, l'espace de Riemann, l'hypertemps comme des tours de force de logistique, probablement dépourvus d'existence objective.

L'infiniment grand et l'infiniment petit échapperont toujours à la science humaine.

Comme l'a magistralement dit Pascal : « *Qu'est-ce que l'homme dans la nature ? un néant à l'égard de l'infini, un tout à l'égard du néant, un milieu entre rien et tout.* » Cette assertion est également vraie, par rapport à l'espace et au temps.

L'homme demeure affolé en présence du symbole du néant o, du symbole de l'infini ∞ et des symboles de l'indéterminé $\frac{0}{0}$, $\frac{\infty}{\infty}$, $0.\infty$, 0^0, ∞^0, ...

Nous avons esquissé sommairement les solutions très diverses que donnent les philosophes aux grands problèmes de l'espace, du temps, de l'éther, de la matière, des forces, des âmes et de la Divinité et celles que nous croyons pouvoir adopter pour quelques-uns de ces problèmes.

Mais nous sommes très loin de prétendre avoir tranché toutes ces questions.

La science prétend étudier objectivement le monde, et elle ne le connaît que subjectivement par nos sens imparfaits.

L'espace, le temps, l'éther, la matière, la force, l'âme sont objectivement autant de mystères insondables pour la science humaine.

En fouillant à fond l'un quelconque de ces points, on arrive fatalement au « *que sais-je ?* » de Montaigne.

Les hypothèses scientifiques ont pour but, comme nous l'avons déjà dit et comme nous ne nous lasserons pas de le répéter, non pas de nous faire connaître la véritable nature des choses, mais de relier entre eux les faits observés et de faciliter les recherches.

Une hypothèse doit être rejetée dès qu'elle est en désaccord avec une seule expérience. Dans le cas contraire, elle est admise provisoirement et se transforme peu à peu en loi physique au fur et à mesure que de nombreuses expériences la confirment.

Nous admettons, pour notre part, beaucoup d'hypothèses encore contestées et nous péchons certainement plutôt par excès que par défaut de témérité.

Fidèle à notre principe fondamental (p. iv), nous admettons l'existence de la force à distance et d'une âme dans chaque cellule vivante.

Nous admettons en outre l'exactitude approximative des hypothèses d'Haeckel.

Nous restons muet devant de nombreuses questions, que, pour clore ces causeries philosophiques, nous posons aux savants, aux philosophes de l'avenir.

Nous les leur avons d'ailleurs déjà posées à peu près telles que nous les formulons aujourd'hui à la fin de notre Livre *Les sciences expérimentales*, dont la première édition date déjà d'une trentaine d'années.

Nous trouvons d'abord, sur les confins de la science et de la religion, des questions abordées dans les Chapitres VI,

VII et XIX où nous nous sommes déclaré impuissant à les trancher. Elles nous paraissent plutôt du domaine religieux.

Dieu existe-t-il ?

Son omniscience peut-elle donner la prescience à ses élus ?

Son omnipotence peut-elle faire des miracles ?

Faut-il les expliquer par l'hypnotisme des observateurs ?

Faut-il croire à la résurrection de la chair ?

Et aux autres mystères de la religion ?

L'âme est-elle éternelle dans le passé et dans l'avenir ?

Ou seulement dans l'avenir ?

Peut-on accepter notre théorie de la création d'une âme par fusion entre celles d'un spermatozoïde et d'un ovule ?

Ou faut-il admettre sur la préexistence de l'âme une des hypothèses énoncées au Chapitre VI ?

L'homme est-il une trinité, comme l'ont affirmé Saint PAUL, Saint AUGUSTIN, MARC-AURÈLE ([1]), DE CYON ([2]), L. DENIS ([3]), L. FIGUIER ([4]), etc. ?

Les âmes sont-elles des parcelles de la Divinité ?

A laquelle des causes énumérées dans le Chapitre XIX faut-il attribuer le fait de chaque prédiction réalisée ?

D'où provient la force vive par laquelle les spirites prétendent que se manifestent les esprits ?

Quid de la télesthésie de C. FLAMMARION ?

De la force psychique de CROOKES ?

De la lévitation de DE ROCHAS D'AIGLON ?

Et du spiritisme, prôné par les uns, honni par les autres ?

([1]) 1º Un peu de chair; 2º un faible souffle, une âme animale passionnée; 3º une intelligence, un principe modérateur.

([2]) 1º leib, 2º seele, 3º geist (1º corps, 2º âme, 3º esprit).

([3]) 1º le corps, 2º l'âme, 3º le périsprit.

([4]) 1º le corps, 2º l'âme, 3º la vie.

L'hypnotisme peut-il expliquer les phénomènes spirites ?

Peut-être la science pourra-t-elle résoudre quelques-unes des questions suivantes ?

I. *Au sujet de l'espace et du temps :*

L'espace se continue-t-il tel quel au delà de l'univers visible ?

Est-il, comme nous l'affirmons, rigoureusement euclidien ?

Le temps existe-t-il objectivement ?

Ou subjectivement, comme conséquence du principe de causalité ?

Que faut-il penser du rôle attribué par DE CYON au labyrinthe de l'oreille dans la perception ou dans la conception des trois dimensions de l'espace et de la dimension unique du temps ?

Sommes-nous dans le vrai en niant l'existence objective de l'hyperespace et de l'hypertemps et en les considérant comme des créations factices de la logistique ?

II. *Au sujet de l'éther et de la matière :*

Pourquoi le nombre des atomes différents est-il aussi limité ?

Pourquoi la masse d'un atome d'une espèce déterminée est-elle absolument fixe ?

Cause de l'atomicité et des autres propriétés des divers atomes connus ?

Nombre de particules d'électricité contenues dans un atome d'hydrogène ?

Est-il exact qu'il y ait une seule particule d'électricité dans un électron ?

Et environ 20 quintillions dans un coulomb ?

L'éther qui remplit un centimètre cube interstellaire a-t-il réellement une masse d'environ 12,5 sextillionigrammes ?

Comment le nombre des atomes qui constituent une molécule et leur mode de groupement déterminent-ils le rapport, constant pour chaque corps, de sa demi-force vive moléculaire à sa température absolue ?

Cause de la conductibilité plus ou moins grande des diverses espèces de matière pour la chaleur ?

Pour l'électricité ?

Et pour l'énergie rayonnante (vibrations hertziennes, chaleur rayonnante, lumière ou actinisme) ?

A quoi tiennent les propriétés magnétiques ou diamagnétiques de certains corps ?

Pourquoi les premiers comportent-ils des girations de l'éther dans le sens inverse des aiguilles d'une montre et les seconds dans le sens direct des aiguilles d'une montre ?

De quelle façon la nature de la molécule d'un corps détermine-t-elle la durée des vibrations de l'éther qu'il est susceptible d'émettre ou d'absorber, quand il est à l'état gazeux ?

L'hypothèse de FRESNEL sur l'entraînement de l'éther par la matière est-elle exacte ?

Et quelle est sa raison d'être ?

III. *Au sujet de la force :*

Nature de la force ?

Mode de sa transmission à travers l'espace ?

La vitesse de cette transmission est-elle égale à celle de la lumière comme l'a dit GERBER en 1898, 5o millions de fois plus grande comme l'a dit LAPLACE, ou infinie ?

Les formules de CLAUSIUS ont-elles un pourquoi, et quel est-il ?

Application de ces formules à la théorie de la propagation de l'énergie rayonnante ?

Et à la théorie des atomes-tourbillons ?

Action d'une particule d'éther sur une molécule de matière ?

Puissance paire de la distance, supérieure à la seconde, à laquelle est inversement proportionnel le terme répulsif de l'action de deux molécules l'une sur l'autre ?

Termes correctifs de cette action, ne changeant pas sa direction ?

Ou la changeant et l'empêchant de satisfaire à la loi de l'égalité de l'action et de la réaction ?

Moment et direction du couple exercé par une molécule sur une autre ?

Ces formules peuvent-elles se tirer de celles de CLAUSIUS ?

IV. *Au sujet de la chaleur :*

Définition rigoureuse de la température absolue et de la chaleur totale d'un corps animé d'un mouvement visible ou de vibrations sonores ?

· Mode de communication à la matière, sous forme de chaleur, de la force vive de l'éther qui constitue la chaleur rayonnante ou un courant électrique ?

Phénomène inverse ?

V. *Au sujet de l'énergie rayonnante :*

Émission des vibrations lumineuses par les substances phosphorescentes au-dessous de la température de l'incandescence ?

Nature de l'action exercée par l'énergie rayonnante sur le sélénium des radiophones ?

Et cause de la diminution, sous cette influence, de la résistance électrique du sélénium ?

Explication des expériences de TESLA sur les actions diverses des forts courants fréquemment intervertis ?

Pourquoi les vibrations actiniques exercent-elles une action de pulvérisation et d'électrisation sur les corps solides qui les reçoivent ?

Pourquoi facilitent-elles le passage de l'étincelle entre deux corps ayant un potentiel électrique différent, quand elles tombent sur l'intervalle de ces deux corps ?

VI. *Au sujet des cellules :*

Nature de l'âme d'une cellule ?

Rapports de la matière avec la sensibilité ?

Et avec la conscience ?

Notre affirmation de la liberté des cellules inscrite page 5o est-elle exacte ou erronée ?

VII. *Au sujet des êtres vivants :*

Comment s'institue et fonctionne la hiérarchie qui existe entre des âmes de cellules associées entre elles ?

Comment l'impression physique d'un sens donne-t-elle naissance à une perception ?

Comment, soumis à l'action de matière ou d'éther en mouvement, un être vivant élabore-t-il un phénomène de perception, de conscience, de pensée, d'action ?

La volonté de l'hypnotiseur peut-elle se transmettre à l'hypnotisé sans le concours des sens de celui-ci ?

Y a-t-il une comparaison possible entre le sommeil et la mort ?

Quelle solution comporte le problème que nous avons esquissé au Chapitre XII de la première apparition de la vie sur la terre ?

Il y a 23 siècles, Hippocrate disait déjà : « Ὁ βίος βραχύς, ἡ δὲ τέχνη μακρή (¹). » (*La vie est courte, la science est grande.*)

Évidemment, il constaterait aujourd'hui que nous ignorons encore beaucoup de propriétés de l'espace, du temps, de la matière, de la force, de la chaleur, de l'énergie rayonnante, des cellules et des êtres vivants.

Nous avons apporté de l'honnêteté dans l'aveu de nos doutes et du courage dans la proclamation de nos opinions, quelque subversives qu'elles fussent.

(¹) Cet aphorisme a donné naissance au proverbe latin : « *Ars longa, vita brevis.* »

Comme dit le Dr G. Le Bon (¹), aucun savant « *n'a pénétré encore dans la région ignorée où la nature élabore les raisons des choses* ».

Nous serions tenté de dire avec Montaigne

« *Que sais-je ?* »,

de constater avec Brunetière la faillite de la science et de terminer comme H. Poincaré par un point d'interrogation.

Nous concluons plutôt que la science évolue en s'approchant de plus en plus de la vérité. Chaque savant apporte sa modeste pierre à l'édifice, résout quelques questions et en pose de plus nombreuses. Plus on s'instruit, mieux on constate la vaste étendue de son ignorance.

Comme dit Gœthe, et comme nous l'avons rappelé dans la Préface, « *la perfection est la loi du Ciel, y aspirer est la loi de la Terre* ».

(¹) *Enseignements psychologiques de la guerre européenne.*

CHAPITRE XXII.

BIBLIOGRAPHIE SOMMAIRE.

Nous recommandons aux personnes curieuses, qui nous ont fait l'honneur de nous lire, de consulter les Ouvrages suivants où nous avons puisé la matière du présent travail, sans négliger ceux que nous avons cités en Notes et que nous pourrions aussi rappeler ici.

1670. PASCAL, *Pensées*.

1687. NEWTON, *Philosophiæ naturalis principia mathematica*.

1695-1696. LEIBNIZ, *Système nouveau de la nature et communication des substances et éclaircissements de ce système (Journal des savants)*.

1708. STAHL, *Theoria medica vera*.

1714. LEIBNIZ, *La monadologie*.

1738. DANIEL BERNOULLI, *Hydrodynamica, sive de viribus et motibus fluidorum commentarii*.

1759. R.-J. BOSCOVICH, *Philosophiæ naturalis theoria, reducta ad unicam legem virium in natura existentium*.

1770. CH. BONNET, *Palingénésie philosophique*.

1773. BARTHEZ, *De principio vitali hominis*.

1800. KANT, *Metaphysische Anfangsgründe der Naturwissenschaft* (3º Aùflage).

1830-1842. AUGUSTE COMTE, *Cours de Philosophie positive*.

1834. RANCOURT, *Cours normal de Philosophie positive*.

1845. LITTRÉ, *Analyse raisonnée du Cours de Philosophie positive* d'AUGUSTE COMTE.

1833. DE BOUCHEPORN, *Philosophie naturelle*.

1854. J. Reynaud, *Philosophie religieuse. Terre et ciel.*

1854. le P. Gratry, *De la connaissance de Dieu* (2ᵉ édition, 2 vol.).

1855. Buchner, *Kraft und Stoff* (1ᵉ Aùflage).

1856. Grove (Moigno, traducteur), *Corrélation des forces physiques.*

1856. Seguin aîné, *Notes* pour l'Ouvrage ci-dessus.

1858. Von Helmholtz, *Ueber integrale der hydrodynamischen Glet-
chùngen, welche den Wirbelbewegùngen entsprechen (Journal
de Borchardt).*

1862. H. Renaud, *Destinée de l'homme dans les deux mondes.*

1863. S.-M. Victoria (Ch. Bernard-Derosne, traducteur), *Méditations sur la mort et sur l'éternité* (1ᵉ édition).

1864. Coyteux, *Les principes de la physique.*

1864. Laugel, *Les problèmes de la nature.*

1865. Decharme, *La simplicité et la généralité prétendues des lois du
monde physique.*

1867. Sir W. Thomson (lord Kelvin), *On vortex motion (Transactions of the royal society of Edinbùrgh).*

1868. Saigey, *Essai sur l'unité des forces physiques.*

1868. L'abbé Moigno, *La physique moléculaire.*

1868. G.-A. Hirn, *Analyse élémentaire de l'univers* (Conséquences
philosophiques et métaphysiques de la Thermodynamique)

1869. Le P. Secchi, *Unité des forces physiques.*

1869. Le P. Leray, *Constitution de la matière et de ses mouvements,
nature et cause de la pesanteur.*

1869. L'abbé Moigno, *Préface* pour l'Ouvrage ci-dessus.

1872. Bénard, *Précis de Philosophie,* 7ᵉ édition.

1873. J.-C. Maxwell, *Electricity and Magnetism.*

1873. Sarrau, *Thermodynamique des systèmes matériels (Journal de
Physique).*

1874. Le P. Gratry, *Connaissance de l'âme,* (5ᵉ édition, 2 vol.).

1875. Kretz, *Ether et matière.*

1877. Dʳ Woillez, *L'homme et sa science au temps présent.*

1877. Violle, *Sur la théorie dynamique des gaz (Journal de Physique).*

1878. Clausius, *Sur la déduction d'un nouveau principe d'électrodynamique (Journal de Mathématiques pures et appliquées).*

1878. Caro, *L'idée de Dieu et ses nouveaux critiques* (6ᵉ édition).

1878. L. Figuier, *Le lendemain de la mort ou la vie future selon la
science.*

1879. Saigey, *La Physique moderne.*

1881. Tissot, *Essai de Philosophie naturelle.*

1883. Naville, *La Physique moderne.*

1883. Dʳ Decès, *Science et vérité* (2ᵉ édition).

1884. STALLO, *La matière et la Physique moderne.*

1885. Le P. LERAY, *Essai sur la synthèse des forces physiques.*

1885. BADOUREAU, *Le charbon de terre, sa formation, son extraction, ses usages* (*Revue scientifique*).

1886. KLEIN (SCHWERER, traducteur), *Les relations réciproques des grands agents de la nature.*

1886. TAIT (KROUCHKOLL, traducteur), *Les Progrès récents de la Physique.*

1887. G.-A. HIRN, *La Cinétique moderne et le Dynamisme de l'avenir.*

1887. J.-C. MAXWELL (W.-D. NIVEN, correcteur partiel de la seconde édition; SELIGMANN LUI, traducteur; CORNU, POTIER, SARRAU, annotateurs), *Traité d'Électricité et de Magnétisme.*

1887. BADOUREAU, *Différents objets de l'activité intellectuelle de l'homme* (*Académie d'Amiens*).

1888. H. RESAL, *Traité de Physique mathématique.*

1888. BADOUREAU, *Coup d'œil sur les sciences* (*Revue scientifique*).

1889. G.-A. HIRN, *Constitution de l'espace céleste.*

1889. FAUVELLE, *La Physico-chimie.*

1889. BARTHÉLEMY SAINT-HILAIRE, *La Philosophie dans ses rapports avec les sciences et la religion.*

1889. A. CROS, *Le Problème.*

1889-1892-1898. BADOUREAU, *Les sciences expérimentales* (trois éditions).

1890. BADOUREAU, *L'espace géométrique et les espaces algébriques* (*Revue scientifique*).

1890. BADOUREAU, Γνῶθι σεαυτόν ! (*Académie d'Amiens*).

1891. BRILLOUIN, *Recherches récentes sur diverses questions d'hydrodynamique.*

1891. BADOUREAU, *L'électricité et la matière* (*Revue scientifique*).

1891. A. CROS, *La Métaphysique de M. TAINE.*

1892. TURPIN, *La formation des mondes.*

1893. H. POINCARÉ, *Théorie des tourbillons.*

1893. G. LECHALAS, *Une discussion sur le temps* (*Annales de Philosophie chrétienne*).

1894. Sir JOHN LUBBOCK, *Le bonheur de vivre* (3e édition française).

1894. G. LECHALAS, *Réversibilité du monde matériel* (*Revue de Métaphysique et de Morale*).

1896. G. LECHALAS, *Étude sur l'espace et le temps.*

1898. BADOUREAU, *L'électricité et ses applications depuis 1881* (*Revue scientifique*).

1898. HILDEBRAND et TEISSERENC DE BORT, *Les bases de la Météorologie dynamique.*

1899. G. Chesneau, *Lois générales de la Chimie.*

1900. C.-Ed. Guillaume et L. Poincaré, *Congrès de Physique.*

1900. C. Flammarion, *L'inconnu et les problèmes psychiques.*

1900. De Freycinet, *Essais sur la philosophie des Sciences (Analyse et mécanique)* 2e édition.

1902. Sully-Prudhomme et Richet, *Le Problème des causes finales.*

1902. H. Poincaré, *La Science et l'Hypothèse.*

1902. G. Lechalas, *Études esthétiques.*

1902-1904. L. Remond, *1200000 ans d'humanité...*

1903. Haeckel (C. Bos, traducteur), *Les énigmes de l'univers.*

1903. Ad. Coste, *Dieu et l'âme* (2e édition).

1903. R. Worms, *Préface* pour le Livre ci-dessus.

1904. Dr Grasset, *Le spiritisme devant la science* (2e édition).

1904. P. Janet, *Préface* pour le Livre ci-dessus.

1904. G. Lechalas, *Introduction à la géométrie générale.*

1905. M. Boucher, *Essai sur l'hyperespace, le temps, la matière et l'énergie* (2e édition).

1905. L. de Launay, *La science géologique.*

1905. Wickersheimer, *Les principes de la Mécanique.*

1905. Louis Elbé, *La vie future selon la sagesse antique et la science moderne.*

1905. Badoureau, *Qu'est-ce que la mécanique ?* (*Revue scientifique*).

1906. Buchner (V. Dave, traducteur), *Force et matière* (8e édition française).

1906. Baron G.-A. Blanc, *L'âge de la Terre* (*Bulletin de la Société d'Histoire naturelle de Savoie*).

1907. Stuart Mill (G. Clemenceau, traducteur), *Auguste Comte et la philosophie positiviste* (8e édition).

1907. Dr G. Le Bon, *L'évolution des forces* (8e mille).

1908. W. James (F. Abauzit, traducteur), *L'expérience religieuse* (2e édition).

1908. E. Boutroux, *Préface* pour l'Ouvrage ci-dessus.

1908. E. Boutroux, *Science et religion dans la philosophie contemporaine.*

1909. Dr Bohn, *La naissance de l'intelligence.*

1909. Dr G. Le Bon, *L'évolution de la matière* (18e mille).

1909. Sir O. Lodge (Maxwell, traducteur), *La vie et la matière* (2e édition).

1910. G. Lechalas, *Étude sur l'espace et le temps* (2e édition).

1911. Badoureau, *L'atmosphère terrestre et la circulation aérienne.*

1911. H. POINCARÉ, *Les hypothèses cosmogoniques.*

1912. E. SCHURÉ, *Les grands initiés.*

1912. G. LECHALAS, *Le nouveau temps* (*L'année philosophique*).

1912. DE CYON, *Dieu et Science* (2ᵉ édition).

1912. A. BERGET, *La vie et la mort du globe.*

1913. H. BERGSON, *Matière et Mémoire* (10ᵉ édition).

1913. M. MÆTERLINCK, *La mort* (11ᵉ mille).

1914. L'abbé TH. MOREUX, *Que deviendrons-nous après la mort ?*

1916. M. MÆTERLINCK, *Les débris de la guerre* (7ᵉ mille).

1916. BERGSON, H. POINCARÉ, etc., *Le matérialisme actuel.*

1917. BARBUSSE, *L'enfer.*

1917. M. BARRÈS, *Les diverses familles spirituelles de la France.*

1917. Dʳ G. LE BON, *Les opinions et les croyances* (10ᵉ mille).

1917. F. LE DANTEC, *Le problème de la mort et la conscience universelle.*

1918. L. LECORNU, *La mécanique, les idées et les faits.*

1918. A. BINET, *L'âme et le corps* (10ᵉ mille).

1918. A. DASTRE, *La vie et la mort* (16ᵉ mille).

1919. H. POINCARÉ, *Dernières pensées* (12ᵉ mille).

ALLAN KARDEK, *Le livre des esprits* (35ᵉ édition).

V. GIRARD, *La transmigration des âmes et l'évolution indéfinie de la vie au sein de l'univers.*

L. DENIS, *Après la mort. Exposé de la doctrine des esprits* (32ᵉ mille).

P. JANET, *Philosophie du bonheur.*

CHAPITRE XXIII.

INDEX CHRONOLOGIQUE.

Nous croyons devoir donner ici un index chronologique résumant les dates des principaux événements auxquels nous avons fait allusion.

Nous laissons au lecteur le soin de tirer les conséquences qui résultent de la comparaison entre elles de ces quelques dates.

1431. L'Église et l'Angleterre brûlent JEANNE D'ARC.
1453. Prise de Constantinople par les Turcs.
1455. GUTENBERG imprime la Bible.
1492. CHRISTOPHE COLOMB découvre l'Amérique.

1516. Concordat de LÉON X et de FRANÇOIS Ier.
1519-1521. MAGELLAN fait le tour du monde.
1543. COPERNIC fonde l'astronomie moderne.
1572. Massacre des protestants.
1598. Édit de Nantes.
1600. GILBERT publie *De magnete*.

1620. BACON pose dans le *Novum Organum* les règles de la méthode expérimentale.
1630. JEAN REY découvre la pesanteur de l'air.
1633. L'inquisition condamne GALILÉE.
1644. MOLIÈRE écrit *Tartufe*.
1669. STÉNON publie le premier essai sérieux de Géologie.
1685. Révocation de l'Édit de Nantes.
1687. NEWTON énonce la loi de la gravitation.

1720-1721. Peste de Marseille et dévouement de BELZUNCE.
1738. BERNOULLI pose les bases de la théorie kinétique des gaz.

1783. Lavoisier énonce la loi de la conservation de la matière.
1789. Révolution française.
1790. Constitution civile du clergé français.
1796. Laplace expose son système du monde.

1801. Concordat de Pie VII et de Bonaparte.
1811. Avogrado énonce la loi des gaz.
1842. R. Mayer énonce la loi de la conservation de la force vive.
1858. Darwin formule la théorie transformiste.
1878. Clausius formule les actions réciproques des particules d'éther.
1880. Crookes étudie l'état ultragazeux.

1903. Les frères Wright volent.
1905. Loi séparant les églises et l'État français.
1911. Lettre du cardinal Billot à l'archevêque de Chambéry.

FIN

TABLE DES MATIÈRES.

60202-19 Paris. — Imprimerie GAUTHIER-VILLARS et Cⁱᵉ, Quai des Grands-Augustins, 55

ERRATA.

—

Page.	Ligne.	Au lieu de :	Lire.
1	13½		Notre fils sait-il que la décision du 15 juin 1919 l'a promu CHEVALIER DE LA LÉGION D'HONNEUR ?
1	15	cet	le présent
IV	24	avons	avions
XII	8	βραχὺς...τεχνη	βραχύς...τεχνη
XVIII	19	Paris	Neuilly
6	4	*Euclide*	EUCLIDE
21	29	;	,
80	34	LICHTERBERG	LICHTENBERG
91	15	Tartuffe	Tartufe
94	33	.	. »
97	15	son	l'
108	dernière	*Sens*	*Sans* (¹)
113	15	MOISE	MOÏSE
126	22	absolue	absolu
145	26	340	364
149	3	ϛωον	ζωον
153	34	somnambulisme	somnambulisme
173	27	, dit BOSSUET,	», dit BOSSUET, «
174	18	*Gottesidée*	*Gottesidee*
188	21	au	*au*
191	3	qu'ils	que les prédisants
201	25	métaphysique	métapsychique
213	14-15	inverse...direct	direct...inverse
215	23-24	βραχὺς...τεχνη	βραχὺς...τεχνη
226	9	L	P

(¹) JULES VERNE tenait beaucoup à cette orthographe, peut-être douteuse, pour le titre de son Ouvrage, dont nous avons signé le dernier Chapitre.

—◆◆◆◆—

BADOUREAU. — St.